以色列總理
選舉制度的變遷

林東璟◎著

從以色列「總理直選制」的誕生和滅亡反觀台灣，
制度改革只仰賴理性計算是不夠的，
改革勢力必須在某個偶發機遇的幫助下才會成功。

自序

選舉制度的變革是怎麼發生的？

　　90年代以來，台灣政治發展有了劇烈的變化，國會全面改選、省長首度民選，首任省長任期未滿竟遭遇廢省的命運，總統於一九九六年改由人民直接選舉產生，政黨體系也有所重組。以色列恰巧也在一九九六首度實施總理直選制，政府體制卻依舊維持內閣制的運作，成為比較政治學一個獨特的案例；不料，經過三次總理直選之後，以色列於二○○一年三月國會再度修憲，廢除總理直選制，恢復原本的內閣制。

　　究竟是什麼因素讓制度產生變革？是社會結構的制約？是行為者的理性抉擇？還是行為者與結構之間的交互影響使然？

　　沒有一位政治人物敢在「改革」的大旗幟之下反對制度的革新，然而，實務界的例子卻可以發現，政治制度，尤其選舉制度的修改極為困難，畢竟，制度的變化牽動著現任國會議員或民選行政首長的既得利益，以及對新制度所可能造成的影響的不確定性，心中的不安全感讓政治人物不願意輕易修改攸關自身權益的法律。

　　該怎麼解釋歷史結構、選舉制度和政治人物及政黨之間的互動關係呢？淡江大學施正鋒（1999: 196）教授曾提到：「近年來，政治學對於選舉制度的研究方興未艾。然而到目前為止，他們的研究多偏重於選制的公平性及其政治影響，

也就是視選制為獨立變數，看其對政治體系、政治人物的行為、政府負責任的程度、及少數族群的代表性有何影響力……甚少有人涉及選制的起源及發展。」而施教授所建構的「選舉制度興革的概念架構」，正好能引導吾人對選舉制度的興革與變遷進行研究。

　　本書即採用此一架構研究以色列總理選舉制度的變遷，研究發現：社會分歧結構塑造出以色列的政治制度，這套制度鞏固了既有的社會分歧，使得制度變革難以成功，但是當政黨體系造成組閣困難、選舉制度失靈的情況下，在偶發（contingent）的機遇下，改革勢力突破結構與制度制約，經過協商妥協後通過部分改革方案。

　　但實施了三次總理直選以及國會議員改選之後，當年的改革派並沒有料到選民會有「分裂投票」的行為，當選民手上握有兩張選票時，一票投總理，一票投國會議員（政黨），選民會放心地把議員票投給最符合自己利益的政黨，把總理票投給比較有希望當選的大黨候選人，這樣一來，造成大黨在國會的席次不斷縮減，而小黨勢力不席次不斷增加的情況，導致兩大黨聯手於二○○一年三月通過取消總理直選制。

　　台灣近來也有政府體制與選舉制度改革的討論，包括三權分立總統制、單一選區兩票制、國會議員席次減半等提議。對立法委員選制而言，單一選區兩票制牽涉到選區的劃分以及立委對選民的經營程度，而席次減半更直接與立委本身的當選機會相關，筆者以為，在沒有任何偶發機遇的觸動下，若以政黨為單位來分析，這些新制度看似對大黨有利，但若站在個別立委的立場來看時，單一選區的席次由勝者全拿，現任大黨議員是否會支持新制恐怕仍在未定之數。

　　雖然目前各黨都不反對選制改革，民進黨政府也提出「國會席次減半、單一選區兩票制」等國會改革的口號。但這些制度變革的訴求能否通過立法院這一關，筆者並不樂觀。

　　更值得探究的是，當前台灣的社會結構、政府體制、選舉制度以及政黨體系究竟面臨什麼問題？制度應該如何改革？朝什麼方向改革？而各種新制度的選擇究竟回應了結構改革的呼聲，還是繼續維護舊結構的需求？從以色列總理直選制的誕生與滅亡來對照，上述議題必須放在一起作整體性的思考才能避免「頭痛醫頭、腳痛醫腳」之弊。

　　本書研究期間，承蒙淡江大學公共行政系施正鋒教授嚴格的督促指導，以及東吳大學政治系王輝煌教授、中正大學政治系李佩珊教授、中央研究院近代史研究所陳儀深教授指引研究方向和關懷指教，令我銘感在心，感謝諸位師長的提攜與照顧。

目　次

第一章 導論

第一節 研究動機與研究問題

本書的研究問題是以色列總理為什麼改由人民直選產生？

以色列原本是內閣制國家，總統是虛位元首，實權掌握在內閣手中，選舉制度則採用「政黨封閉名單比例代表制」，而且以全國為一個選區。但是從1996年第14屆國會改選開始，以色列的總理改由全國公民直接選舉產生，但政府體制不變，仍然維持內閣制的運作方式，這種內閣制加上總理直選制的型態違反憲政體制一般邏輯，也違反一般人的直覺。

在經驗上，以色列新制度也是獨一無二的。Lijphart（1993: 10-11）曾對民主政體作分類，他以1.信任原則、2.政府首長選任方式、3.集體行政或個人行政責任等三個指標分類，1993年以前的以色列被放在「團隊式行政部門、依議會信任、行政部門由議會挑選產生」分類之下，日本、加拿大等國也是在這個項下。但是自以色列總理改由普選產生後，應該改放到「團隊式行政部門、依議會信任、行政部門由選民選舉產生」項下，而這個分類原本被註明：「無經驗上例證」。

以直選方式產生一個有實權的政府首長，通常是總統制國家的特色，何以以色列的政治角力結果竟是把總理改由直選產生？改革真的只是因為民眾、政治人物的不滿所引起的嗎？或是有其他更深層的結構、制度因素？

由於以色列每次選後並沒有任何一個政黨取得絕對多數

席次，因此某一大黨必須聯合其他小黨組聯合內閣，小黨剛好位於結盟光譜的中間位置，在組閣過程中，小黨因而擁有不成比例的政治份量（Mahler, 1997），因為他們會威脅以財物或其他利益來交換組閣的支持（Garfinkle, 1997: 152）。造成沒有一個政黨取得絕對多數席次的直接因素是選舉制度，因為以色列採用全國不分區的政黨封閉名單比例代表制，而且分配席次的門檻只有1%（後來提高到1.5%），欠缺有意義的門檻（Hazan, 1996: 21），導致小黨可以輕易在國會獲得席次。而以色列之所以採用比例代表制，是因為在建國之前，巴勒斯坦地區已經存在各種猶太人團體，因此，選舉規則的制訂必須確保猶太人的最大可能代表性（Bogdnor, 1993: 67），相對於其他選舉公式，唯有採比例代表制才能容納各社會團體的勢力進入政府場域中，並確保其比例性。

而在各種選制改革方案中，原本改革者考量的是強化行政部門、減少小黨的影響力以利執政聯盟的籌組和維持，因此希望透過總理直選以及國會議員選制的改革達成上述目標，一九九〇年以前兩大黨達成共識的改革方案兼容總理直選案和議員選舉制度的變革，但是一九九二年通過的修正案卻捨棄變更議員選制，只變更總理產生方式，甚至還規定民選總理所組成的新政府必須在四十五天內獲得國會的信任，否則將再重新舉行總理選舉。

也就是說，表面上看起來總理直選賦予總理較強的民意基礎，解決了選後「由誰組閣」的問題，小黨也很難贏得總理一職，總理直選似乎有利於大黨，不利小黨。

但是，由於新總理必須取得國會信任，縱然由某大黨勝選人擔任總理，小黨仍舊有機會可以在這四十五天與新總理協商籌組執政聯盟事宜，而在國會議員選舉制度未做任何變動的情形下，小黨依然可以從比例代表制的保障下取得席位，不會因為總理直選損及其議員席次。而大黨領導人原本就是

歷年選後出面組閣的第一人選，過去是由總統邀請選後最大黨出面組閣，採用總理直選制將可以確認究竟是由勞工黨還是利庫黨組閣。

就在不能損害既得利益者小黨的利益，當然更不會傷害大黨利益，卻又要回應民間改革呼聲的思考下，以色列通過一套看似有利大黨並且向總統制移動的新制度，但其實是一套維持內閣制運作，解決了選後「由誰出面組閣」難題的配套措施，畢竟，對小黨而言，他們在以色列歷史上從未擔任過總理，而在議員選制未更動的情形下，現在總理改成直選又何妨？更何況新制度是個鼓勵選後結盟（或是小黨選前宣布參選藉以向大黨勒索利益換取小黨退選）的絕對多數制，加上總理選後四十五天內必須取得國會信任，小黨仍舊有機會與大黨協商組閣事宜，顯示出「總理直選」案表面上是大幅度的制度變革，其實不然。

第二節　文獻檢閱

在過去，制度研究僅止於法規制度方面的研究，討論制度的優劣，提出規範性的論點；行為主義時期則把研究焦點擺在人的行為上，將制度視為依變數。到了一九八〇年代，學界對行為主義展開反省，並重新檢視制度的自主性與重要性（Immergut: 1998）。

此外，過去對選舉制度的研究多半偏重在制度所造成的影響，或是制度的良窳，甚少討論制度形成的起源與選擇過程，本書所嘗試探索以色列總理直選制的起源與選擇過程。

根據Koelble（1995: 231-232）的整理，新制度主義者主要可分成三個學派：

理性選擇新制度論（rational choice institutionalism）：強調

個人及其策略考量必須是研究的重心，行為者的目標是追求效用極大化，是一種以個體為中心的研究途徑，制度雖然影響個人的選擇與行動，但並不決定行動，制度僅是應變數，頂多是中介變數。

社會學新制度論（sociological institutionalism）：個人決策並非僅是制度的產物，而是受更大的參照架構（frame of reference）所影響，個人與制度都是鑲嵌（embadded）於更宏觀的文化或社會結構中，這些結構決定了何謂「自利」、何謂「效用」，是一種以結構為中心的研究途徑，制度是定義個人行為的中介變數。

歷史新制度論（historical institutionalism）：此途徑不否定個人會去計算其利益、追求效用極大化的說法，但強調事件的結果（outcome）是由各種團體、利益、理念和制度結構互動後的產品，這些結果可能會反過來改變行為者所處的社會結構；行為者在既存的歷史結構中做出選擇，並與其他行為者互動，互動的結果可能改變結構；此途徑特別強調制度所扮演決定性的角色，但制度也受集體或個人選擇的影響。

歷史的和社會學的新制度論都拒絕個人行動僅受效用極大化、計算和偏好的影響，但是都同意系絡（context）形塑了制度及制度裡的個人的說法。不過，社會學新制度論者認為個人行動完全被社會和文化因素所決定；歷史新制度論者則認為個人仍會計算其效用，但行動的結果受到結構和制度的因素所影響，這些因素不是個人所能計算或控制的（Koelble, 1995: 241-242）。

檢視有關選制變革的文章中，採理性選擇途徑的文章會以政治行動者為中心，探索個體理性思維對制度選擇的影響，例如Geddes（1996）在討論東歐和拉丁美洲新民主制度的建構時，提出一個解釋制度變遷和抗拒制度變遷的假設：「能改變制度的人，包括圓桌會議成員、具修憲權的國會和國會

議員，追求自身的利益高於一切。」而他們的利益就在於能
在政治生涯更上層樓，政治人物在考慮制度變革時，通常會
將提昇自己未來的政治前途，以及達成選民利益的政策兩相
結合。

　　對自利的政治人物而言，在建立新的民主制度時，對制
度的偏好取決於他們所扮演的角色、政黨所代表的社會利益
及其所依賴的選票，以及該黨處於優勢或劣勢。

　　例如，Diskin與Diskin（1995: 36-40）就指出，一種「囚
犯困境」（prisoner's dilemma）的情況阻卻以色列兩大黨達成
共識，使得改革提案沒有結果，一九八〇年代，兩大黨曾經
合組兩次全民政府（national unity government），由於兩大黨
都希望從選制改革獲得長期利益，但短期內都還需要小黨支
持，沒有一個大黨願意扮「黑臉」，以免在下次大選後無法
得到小黨支持組閣，因此避免通過會縮減小黨影響力的選制
改革方案。

　　Bogdanor（1993: 67-70）則認為，除了一般以「降低小黨
數目」來解釋以色列選制改革過程外，他特別注意到，在建
國之初，首任總理Ben-Gurion曾主張採用西敏寺模式，為的是
在猶太人民之間建立單一的權威，因為猶太人在世界各地流
散了好幾世紀，建國後需要的是尊重法律、尊重公共利益的
國家意識，而比例代表制會給各利益團體太多的權力；上述
即是一種結構影響政治選擇的論點。當然，Ben-Gurion所領導
的勞工黨是第一大黨，若採用英國制，將可強化該黨的實力
（Bogdanor, 1993: 71）。

　　此外，各種選制改革中雖有地方選區的倡議，但是最後
並未修改，除了小黨在各地會因為低度代表（underrepresenta-
tion）而不同意外，還有顧慮到有些地方是阿拉伯公民高度集
中的地區，一旦採用選區制，阿拉伯人可能在當地獲得超額
代表（overrepresentation），因此，若要引進選區制，至少要

採用德國式的兩票制（Bogdanor, 1993: 73）。也就是說，雖然有各種選制改革的提議，但是一想到某些結構性因素就會令人卻步，或是改變制度設計的方向。

而採用歷史新制度論途徑的文章多會兼以長期因素（結構）和短期因素（制度、機會、個體）來分析某個國家的選制變遷過程，例如Donovan（1995）指出，長期結構變遷加上制度機會（公民投票）才使得義大利選舉制度的改革有所成果：從比例代表制改為75％選區議員、25％比例制議員，自1994年開始實施。

Donovan（1995: 51-53）指出，比例代表制造成政治分歧、政府短命、政治僵局、腐敗、侍從主義和組織化的犯罪等等，這些是選民和政治菁英不滿的根源。而且有五個短期因素使得改革得以在1990年代通過，包括：1.共黨在1989年衰退；2.義北聯盟；3.使用公民投票為工具推動選制改革運動；4.總統（Francesco Cossiga）對政黨菁英發動政治攻擊；5.司法單位介入調查政治腐敗。

但義大利選制改革之所以產生具體結果，並非僅僅制度設計者的理性抉擇過程，也不只是政黨之間的策略衝突所造成，而是長期因素互動後才使改革成為可能。這些長期因素有：1.逐漸（waning）：共黨的選票自1979年起日漸增加；2.次文化衰退：包括白（天主教）、紅（社會共產者）、黑（新法西斯）勢力的衰退；3.去極化：注重政府品質更甚於政府成員多樣化（colour），政府正當性的消極來源是政治菁英之間的競爭，但積極來源應該是效率（Donovan, 1995: 47-49）。

Vowles（1995）同樣也結合長期因素和短期因素來分析紐西蘭選制改革，他發現，影響選制變遷的長期因素是：1.政治體系的憲政系絡：紐西蘭向來都是由兩大黨（全民黨和勞工黨）輪流執政，形成民選獨裁（elective dictatorship）的現象；2.政黨潮流轉變：兩大黨選票漸漸衰退，少數黨的選票漸

漸增加；3.席次不成比例性：小黨很難在多數決的選制下獲得
與選票相當的席次，大黨卻能得到超額代表；4.政府違背競選
承諾：自從1974年發生第一次石油危機後，兩大黨常常推行
與該黨傳統主張不符的政策，例如右派全民黨政府推行凱因斯
學派國家干預政策，左派勞工黨執政時推動市場經濟政策，都
違背各黨的競選承諾，失去政府應有的責任感（Vowles, 1995:
95-102）。

　　而論及短期因素，Vowles指出分別是政黨政策、正反雙方
的遊說和動員、媒體的運用等等，然後透過公民投票來展示民
意，有53.9％投票者支持「混和式比例代表制」，其餘的支持
原「先馳得點制」，新制度把席次從99席擴充到120席，其中
60席由單一選區相對多數決產生，5至6席由毛利人（Maori）
自行選出毛利人議員，其餘席次由政黨封閉名單產生，而分
配席次的門檻提高到5％（Vowles, 1995: 96, 102-106）。紐西
蘭的例子顯示，在一個小型社會中，激烈的憲政和政治改革是
有可能由下（民眾）而上（菁英）的（Vowles, 1995: 113）。

　　另外，Shiratori（1995: 79-94）一篇討論日本選制改革
的文章雖然沒有明顯的架構，但隱約可看出他認為「民心思
變」（結構因素）加上「自民黨的覺醒」（個體因素），才
導致日本選改革法案在1994年得以過關。

　　日本過去所採用的複數選區（MMD）和單一不讓渡制
（SNTV）被人詬病之處是：政黨和個人必須以個人特徵來作
為競選策略而不是黨綱之間的競爭；選舉開銷極大，政治獻
金不可避免；政治人物傾向以私利而非公共利益考量來立法；
自民黨長期一黨獨大（Shiratori, 1995: 79; Mckean & Scheiner,
2000: 449）。

　　Shiratori（1995: 79-94）主要是以時間序列的方式鋪陳日
本戰後的政治演進，他認為，第二次世界大戰結束後，日本
為了發展經濟，舉國動員投入經濟建設，政治上則是自民黨

一黨獨大，形成穩定的政府，是一種「日本式的發展獨裁」（developmental dictatorship Japanese-style）。

　　到了1990年代初期，由於日本已是經濟強權，民眾要的是政治多樣化（diversity）而非穩固。同時，金權政治猖獗、醜聞不斷爆發，自民黨領導人幾乎都涉入其中，只好由較弱的人出任公職，但民眾在1993年以選票讓自民黨下台，自民黨終於瞭解，這群年長的領導人不再受公眾歡迎，因而亟思引進單選區制，這是自民黨第一次將此議題放入黨綱中。

　　歸納上述各篇討論義大利、日本與紐西蘭三個國家選制改革因素的文章，可歸納整理成下表：

表1-1　義、日、紐三國選制改革長短期因素

國家	長期因素	短期因素
義大利	1. 政黨體系高度分裂使得內閣更動頻繁； 2. 次文化衰退：包括白（天主教）、紅（社會共產者）、黑（新法西斯）勢力的衰退； 3. 去極化：民眾注重政府品質更甚於政府成員多樣化（colour），政府正當性的消極來源是政治菁英之間的競爭，但積極來源應該是效率。	1. 共黨選票自1989年起衰退； 2. 北方聯盟崛起； 3. 使用公民投票為工具推動選制改革運動； 4. 總統（Francesco Cossiga）對政黨菁英發動政治攻擊； 5. 司法單位介入調查政治腐敗。
日本	1. SNTV制使得國會議員熱中於服務選區，以建立效忠自己的個人選票； 2. 利益團體以選票及政治獻金交換國會議員的特殊利益； 3. 政治獻金醜聞頻傳，民眾要求進行選制改革。	1. 自民黨內部因為對政治改革的意見不同而分裂，並於1993年因不信任案被倒閣； 2. 八黨聯合內閣支持政治改革，並且與自民黨協商妥協後出新選制。

紐西蘭	1. 政治體系的憲政系絡：紐西蘭向來都是由兩大黨（全民黨和勞工黨）輪流執政，形成民選獨裁（elective dictat○rship）的現象； 2. 政黨潮流轉變：兩大黨選票漸漸衰退，少數黨的選票漸漸增加； 3. 席次不成比例性：小黨很難在多數決的選制下獲得與選票相當的席次，大黨卻能得到超額代表； 4.政府違背競選承諾：自從1974年發生第一次石油危機後，兩大黨常常推行與該黨傳統主張不符的政策，例如右派全民黨政府推行凱因斯學派國家干預政策，左派勞工黨執政時推動市場經濟政策，都違背各黨的競選承諾，失去政府應有的責任感。	1. 政黨政策； 2. 正反雙方的遊說和動員； 3. 媒體的運用； 4. 民眾以公民投票通過選制改革方案。

第三節　分析架構

Norgaard（1996）認為，新制度是從舊制度中脫胎產生，並沿襲了若干舊制度的特質，使得改革不見得會出現理性預期的效果，也就是說，新的制度是在較廣泛的系絡下被「選擇」，而不是被「設計」的。

Koelble（1995: 242）指出，對於分析制度發展和政策決策等領域，歷史的新制度論特別有用，因為它把焦點擺在

政治鬥爭對制度的影響，而制度也影響了下一回合的政治鬥爭；歷史的新制度論還提醒我們結構和人為作用（agency）的交互作用，對於研究政策決策和制度建立的人而言，採用此途徑較能得到幫助。

施正鋒教授（1999: 196）指出，政治學者對選舉制度的研究多偏重於選制的公平性及其政治影響，也就是視選制為獨立變數，看待其對政治體系、政治人物的行為、政府負責任的程度，及少數族群的代表性有何影響力；再不然，就是專注於如何作不同選制的選擇，甚少有人涉及選制的起源與發展。

上述文獻檢閱中以長、短期因素來解釋選制的變遷過程的文章，多半只是將變數清單羅列出來，並未進一步處理諸多自變數本身的互動關係、方向和程度，並非適當的分析架構。

現有探討以色列選制變遷的分析架構中，Hazan（1996: 34）引用Crotty（1977: 267）的「改革循環（reform cycle）類型」對以色列制度變遷做分析，Crotty將變遷過程分成四階段：1.問題（problem），2.危機（crisis），3.改革（reform），4.回應（reaction）。Hazan在危機和改革中間加上拒絕（denial）的階段，因為在1980年代，以色列政治菁英忽視全民內閣所可能帶來的嚴厲考驗，面對問題與危機時選擇以全民內閣來應付，為的是取得政府正當性，只有當全民內閣也不管用，問題與危機更加惡化時，人們才開始思考改革之道；至於面對新制度的因應之道，目前以色列已經有政黨採用黨內初選制（primary）來產生候選人。

此外，施正鋒教授（1999: 196-198）亦建立一個選制興革的概念架構（圖1-1），輔以四個國家的選制為實例，包括紐西蘭、日本、義大利、及以色列，嘗試把現有在實證與理論上的成果作合成，重新鋪陳選制改革的深層因果機制，以利

進一步作比較式的個案研究。

　　該架構指出，各種政治經濟失調的現象讓選民心生不滿，改革的呼聲順勢而起，經由一連串活動後進入正式協商的場域，通過某種新制度。這個架構也具有通則性，可以適用在不同的國家解釋選制變革的原因，但是範圍適中，不至於把研究對象擴充到人類社會各種組織、制度變遷上。

　　本書擬參考該選制興革概念架構，並且輔以以色列實際情況稍作修正，提出可以解釋以色列總理選制變遷的架構，如圖1-2。

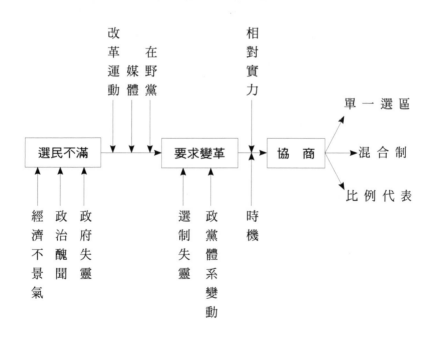

圖1-1　選制興革概念架構（施正鋒，1999: 198）

　　本書假設：「社會結構塑造出以色列的政治制度，制度鞏固了既有的社會分歧結構，使得制度變革難以推動，但是在偶發（contingent）的機遇下，改革勢力突破制度制約，通過部分改革方案。」本書的依變數是：選制改革的目標（總理直選），而自變數是：

　　在社會結構方面：社會分歧（包括世俗／正統宗教派別、社會經濟、族群分歧）；

　　在制度方面：選制公式（包括比例代表制、低門檻、全國為一個選區、政黨封閉名單）；

　　在行為者與情境方面：組閣困難、一九九○年內閣危機、一九九二大選在即、勞工黨領導權之爭、宗教小黨的需求。

　　個人認為，要理解以色列選制變遷過程不能只停留在「選民不滿→要求變革」的抽象描述階段，還要去追尋是什麼具體的結構因素制約著制度和個體行為？

　　以色列主要的社會分歧線有：猶太人本身的族群岐異、猶太人與以色列阿拉伯人的分歧、社會經濟差異、正統派猶太教徒與世俗化教徒的歧異。

　　由於以色列有上述多樣化的社會分歧，使得建國之初在設計國家基本體制時，便必須包容各方勢力的意見，至少在制度設計上不能排擠少數人的聲音，這也是為什麼以色列政治菁英選擇了比例代表制而不是英國「先馳得點制」（first past the post）的原因。

　　作為一個內閣制國家，選舉制度採用比例代表制、低門檻和全國不分區，使小黨得以輕易分配到席次，既有的社會分歧也得以維持，同時沒有一個政黨有實力單獨組閣，連單獨組少數政府都不可行。制度雖然照顧了比例性，卻也使得小黨也得以在組閣過程中對有意組閣的大黨勒索，提出超過小黨實力的要求，大黨總是為組閣過程所苦。

　　這個現象自1977年勞工黨首度未能主導組閣後漸漸被凸顯出來，1980年代，兩大黨必須組全民政府（national unity government）來應付國會小黨林立的現象。而選制改革獲得突破的短期因素是1990年夏米爾（利庫黨）聯合政府危機，勞工黨發動倒閣成功，卻無法順利組閣，三個月後仍然由夏米爾完成組閣工作。這次危機使民眾和政治人物對現行體制非常不滿，民眾還發起抗議活動，有高達15％的人民簽署抗議信。正式引爆群眾對改革的要求，政治人物不得不加以回應，且一九九二年即將舉行國會議員改選，支持「直選」成為支持改革的象徵。

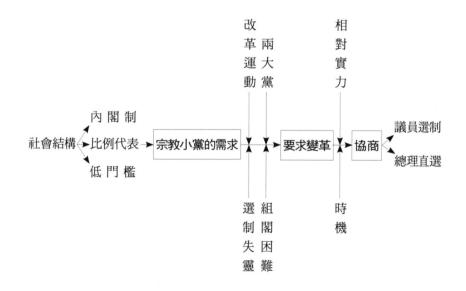

圖1-2　以色列選制變遷概念架構

第二章 選制的不變性與社會分歧

第一節 選制的不變性

以色列於建國之前即存在各種社會團體，為了確保各種勢力在建國後仍有相同的機會進入政治場域中，因此沿用英國託管時期的選舉制度，也就是以全國為一個選區的政黨名單比例代表制，並且欠缺有意義的門檻（百分之一）。由於建國前三十年都由勞工黨主導組閣，足以遮蔽選舉制度的缺點，每次選舉結果在選前即可預見（由勞工黨出面組閣），只是席次多寡的不同而已（Hazan, 1996）。建國之初，勞工黨雖有意推動相對多數決制，但是未獲其他政黨支持，故未成功。當既有的選舉制度開始運作之後，在位的政治人物若能從中獲得利益，則選制變革的可能性就小了許多。

英國於一九一四年開始託管巴勒斯坦地區，一九一七年，英國外交部長貝爾福（Lord Balfour）發表「貝爾福宣言」，聲稱對於猶太人在巴勒斯坦地區建立「猶太家園」樂觀其成，猶太人逐漸移民進入巴勒斯坦，建立屯墾區（Yishuv）。

在英國託管期間，猶太人擁有自己的教育體系與郵政體系，同時也有猶太總工會聯盟（Histadrut），猶太資本家傾向於雇用猶太勞工（Dumper, 1997: 370-371）。

一九四九年十一月，以色列舉行首屆國會選舉，該次國會的性質為制憲會議，世俗和宗教勢力經過辯論後，宗教黨派宣稱聖經就是最好的憲法，不應當再制訂世俗的「憲法」，政治菁英經過協商妥協後，改制訂「基本法」，而制憲會議

轉型為國會。基本法高於一般法律，高等法院可以憑藉著基本法進行司法審查（judical review），並且宣告違背基本法的法律違憲，若要修改基本法必須以絕對多數決為之（Doron & Harris, 2000: 51-69）。

雖然一般人認為以色列議會制是不穩定的，但是在一九七七年以前並非如此，一九四九年到一九七七年之間，政府運作出乎意料地穩定，主要是因為勞工黨在政治體系中扮演主導的角色。學者Brichta（1998: 181）指出，從某些指標來看，以色列政府仍然具有穩定、強勢的特徵，例如：在外交事務領域，內閣可以不經國會同意即宣戰。內閣可以執行外交和國防政策而不會受到反對黨重大的（serious）妨礙；在內政領域，政府是財政和正規立法的提案人。國會只有受限的權力去控制預算而不能加以改變；政府可以發出（issue）法律和上千個行政條例（regulations）而國會難以有效控制，甚至，行政條例可以修改、停止法律的效力，開徵新的稅賦或其他義務負擔。

同時，只要政府在國會享有多數，國會對政府的控制和影響便受到限制，向來都有公眾抱怨議員在院會和委員會的參與不足，因為委員會沒有類似美國委員會的權力，它不能舉行聽證會，亦不能強迫政府成員出現在委員會面前。此外，以色列政黨黨紀很強，選民對其代議士的影響力幾乎等於零（Brichta,1998: 182）。

一九七七年以前都是由勞工黨出面組閣，而它主要的合作對象是民族宗教黨（National Religious Party，簡稱NRP），這段期間內閣大致上是穩定的，勞工黨不干涉宗教事務，並採納安息日等猶太教節日，而民族宗教黨也不干涉勞工黨在外交、經濟或國家安全議題的主張，該黨在建國前即承認公部門是執行猶太復國主義的主要機制，並且把猶太民族基金所購得的土地國有化（Garfinkle, 1997;Dumper, 1997: 373;

Machmias & Sened, 1999: 269-294）。

　　為什麼勞工黨能在這個階段成為主導的執政黨，可從兩個方面來談，在歷史方面，勞工黨，特別是首任總理Ben-Gurion被民眾視為是建國的功臣；其次，就策略而言，勞工黨提倡非激進的中間位置，政教關係保持在status quo關係（維持現狀），主張混和式經濟，外交政策保持中立或親西方，在組閣時挑選能減輕壓力的結盟伙伴（Peretz & Doron, 1998: 70-115）。

　　勞工黨的前身是猶太總工會聯盟內部的Mapai黨。建國前後，民族宗教黨（NRP）與勞工黨合作，同意建立公共部門是猶太復國主義的重要機構，同時也同意放棄未來國家體制必須依照宗教律法運作的要求，民族宗教黨因而獲得猶太總工會的健保以及勞工交流作為回饋，而猶太總工會聯盟同意所屬組織採納安息日以及宗教飲食限制等規定（Dumper, 1997: 373）。

　　然而，以色列自建國之初便有各種不同的選制改革呼聲，理由主要有二，其一是勞工黨想藉此擴張勢力，其二則是希望減少小黨的數目，使組閣過程更順利。一九四八年建國後，首任總理David Ben-Gurion便提議小選區相對多數決，也就是英國制（Brichta, 1998: 184），如此一來將可確保他所屬的Mapai黨（勞工黨的前身）在當時成為國會的絕對多數，遠勝過比例代表制下所能獲得的席次（Diskin, 1991）。

　　一九五〇年代，首任總理Ben Gurion即要求選制改革，他偏好英國選制，也就是把全國劃分成一百二十個單一選區，因為選區制會縮小宗教政黨或阿拉伯人政黨的權力，也限制了小黨的版圖。

　　除了本身黨派的考量外，Ben Gurion也認為，由於極端的比例代表制使得多元分歧的利益都能被代表，特殊利益將因此擁有否決權，不利於猶太民族國家的建立，因此，有必要

朝減少小黨在國會的數目的方向思考，但是他所屬的政黨從來都沒有在國會單獨獲得絕對多數，一九五二年，他與General Zionists黨合作，企圖將政黨門檻提高到百分之十，幾乎可以排除其他政黨，此舉引起小黨的反對，揚言未來不再支持勞工黨（Peretz & Doron, 1998: 118-145; Diskin&Diskin, 1995: 34）。

　　一九五五年選後，勞工黨贏得四十七席，除了組閣之外，勞工黨也希望得到其他政黨支持選制改革，但是小黨並不支持改革法案，不過，第三大黨General Zionists黨提出另一個版本的選制改革方案，即全國分成三十個選區，每區三席，由前三名當選，共九十席，另外三十席由全國不分區比例代表制產生，門檻為20％。一九五八年時，這兩個提案被送交到國會，兩個法案互相遭到對方否決，其中直選案以七十三票對四十二票被否決，（Doron & Harris,2000: 51-69）。

　　除了單一選區制的考量外，從建國到一九七七年這個階段，許多政黨都曾提出過各種選制改革方案，這些方案大多主張減少政黨數目，以使聯合內閣的建立更容易，以及減少小黨的勒索，以增加選民對個別候選人的影響力。根據學者的歸納整理，其他改革者在此階段所提議的方案有（Diskin,1991;Diskin & Diskin, 1995: 35;Brichta, 1998: 184-185）

1. 提高門檻，General Zioists黨於一九五一年第二屆國會時提出；General Zionist黨是這段期間另一個支持選制改革的政黨，該黨與勞工黨協商把分配席次門檻提高到10％，但是也僅止於協商；一九八一年，利庫黨領導人Moshe Arens支持把分配席次門檻提高到5.5％；另外有人主張2-3％，目的只為了減低最小的政黨。

2. 採用多席次選區，例如Mapai黨的David Bar-Rav-Hai主張採用以色列現行的十四個行政區為選區。

3. 採用多席次選區兼採全國政黨名單比例代表制，並且

以全國名單的得票率為計算席次基礎。此案由CRM黨的Boaz Moav議員所提出，他認為在採用全國名單前，應先將全國劃成24個選區，每區選出5人。

4. 採用單一可轉讓制（STV），目前有愛爾蘭等國家採用，主張此制的主要是DMC黨的成員。

5. 不同版本的偏好投票制。

6. 一九七二年，議員Yosef Serlin提出混和制選制把全國分成三十個選區，每區產生3人，再加上比例代表制產生全國不分區30人，共90人。

7. 勞工黨Gad Yaacobi曾提議，把全國分成十八個選區，每區選出五人，共九十席，另外三十席由比例代表制選出。

　　一直到一九七七年由利庫黨組閣以後，以色列向來由勞工黨主政的情勢才被打破，情勢轉變的主因在於DMC黨（Democratic Movement for Change Party）於當年成立，並於十月選後進入利庫黨Menachem Begin總理所組的內閣，DMC入閣的條件是「多席次選區」改革方案必須被採納。然而，事後除了由超過四分之三的國會議員代表各政黨成立選制改革委員會之外，並沒有任何進一步具體的動作（Brichta, 1998: 184）。

　　除了DMC黨答應加入執政聯盟以外，利庫黨得以在一九七七年組閣成功的另一個原因是因為Sepharadim（東猶）厭惡以Ashkenazic（西猶）為主的勞工黨長期執政，因此轉而支持利庫黨陣營（Garfinkle, 1997）。

　　選後，雖然勞工黨在國會的代表少了十九席，而且失去了政黨體系光譜的中間位置，利庫黨取而代之成為第一大政黨，但是利庫黨無法形成如以往勞工黨一黨獨大的局面，這是因為利庫黨屬於鷹派政黨，有一些小黨（主要是宗教政黨）相對而言比利庫黨更溫和，佔據了政黨體系光譜的中間

位置。這些政黨願意和利庫黨形成政府聯盟，但也不排斥與
勞工黨建立聯盟的機會（Diskin&Diskin, 1995: 36）。

　　一九七七年選後，Begin已獲得民族宗教黨的支持，故不
見得需要找DMC入閣，DMC部分領導人則堅持無論如何都要
入閣，且不是只扮演忠誠反對黨的角色，但如此一來就要加
入Likud-NRP-Aguda的政府，因而導致DMC內部分裂，Shinui
從中分裂出來獨立成為一個政黨，而DMC黨在內閣中也僅扮
演邊際性的角色（Arian, 1998: 114-136）。

　　一九七七年入閣的DMC是個提倡改革的政黨，不過其他
政治人物對選制改革仍有疑慮，因為他們不確定新制度對自
己的職務有何影響，另外，民族宗教黨的選民多半分佈在地
理上集中的地區，也反對選制改革（Arian, 1998: 178-205）。

　　DMC黨於一九七六年成立，目的是對抗勞工黨，DMC黨
對勞工黨的失望主要展現在兩方面，一是對一九七三年戰爭
的悲情結局不滿，另一是對政治腐化不滿。Yigal Yadin是DMC
黨創黨人，DMC黨既非左派亦非右派，也不是民族主義派
或反民族主義派，它的領導人主要是非宗教的復國主義者，
DMC黨與其他政黨的區隔是它堅持選制改革是讓以色列政治
恢復生機的方法，不論鷹派或鴿派，保守派或自由派，激進
的或溫和的民族主義者都要求改變政治環境，他們抗議勞工
黨政府的腐化（Peretz & Doron, 1998: 70-115）。

　　DMC領導階層企圖建立一個具有民主結構的政黨，該黨
由三個成分所組成，分別是民主運動、Shinui和Free Center，
DMC是第一個採用黨內初選決定提名名單的政黨，大約有三
萬人參與投票（Arian, 1998: 178-205）。

　　雖然DMC黨所提的選制改革方案所吸引的選民少於預
期，但DMC領導人相信只要透過選區制產生議員，則現有的
統治建制將可以被打破，並且形成穩定的兩黨或三黨制，也
就不需要組聯合內閣，形成有效能（effective）的政府。

　　然而，由於DMC黨僅贏得十五席，難以推動它所提倡的改革，它的效用是減少勞工黨聯盟在國會的強度，它的支持者主要來自原本支持勞工黨的中產階級，極少一部份來自工人階級和東猶或阿拉伯人。

　　選後，DMC黨獲邀加入利庫黨比金的內閣，DMC領導人為是否入閣辯論多時，有人認為與政府合作將損害其原則，最後，DMC以「在某些議題獨立投票」的條件下入閣，包括：宗教議題、對佔領區的態度等等（Peretz & Doron, 1998: 70-115）。

　　此外，民族宗教黨偏好的改革方案為每個選區至少要有五到六席的名額，但DMC希望每個選區的席次要更少，這個問題最後以一種典型的以色列方式加以解決：不做決策。各黨同意成立一個委員會，在一定時間內做出建議，這可以看出政治人物對於選制改革並未特別熱心（Arian, 1998: 178-205）。

　　利庫黨主政四年的期間有兩大成就，一是與埃及總統沙達特達（Sadat）成和談，其次是貧窮城鎮與發展中城鎮的更新計畫（Peretz & Doron, 1998: 70-115）。

　　到了一九八○年代，以色列政黨體系分裂成兩大陣營：利庫黨（右翼）與勞工黨（左翼），這兩大陣營主要是由三條幾乎平行重疊的分歧線切開，分別是Sephardim（東猶）與Ashkenazim（西猶）、宗教與世俗、鷹派與鴿派；利庫黨陣營的選民主要是東猶、宗教和鷹派；勞工黨陣營的選民主要是西猶、世俗和鴿派的東方選民。由於沒有一邊能組成穩定的聯合內閣，因此，雙方於一九八四年同意組成勞工黨─利庫黨全民政府（national unity government）（Brichta, 1998: 182）。

　　這個全民府約定總理一職由兩黨各自出任兩年，閣員職位也由兩黨平均分配，也就是由利庫黨夏米爾和勞工黨培瑞茲輪流擔任總理，前半段，由培瑞茲任總理，夏米爾任外交

部長；下半段，兩人職位互換，這是以色列憲政史上第一次不需依賴小黨就能以絕對多數所組成的內閣（Hazan, 1996）。

同時，選制改革的提案到了一九八〇年代更加顯著，大部分的主張都強調政府決策過程的無能、結盟協商過程的冗長、政治人物欠缺代表性、尤其是一九八〇年代後半段的內閣結盟情況（Peretz & Doron, 1998: 118-145）。

第二節　選制失靈

以色列的制度失靈主要顯現在組閣問題上，改革派認為必須塑造政府的穩定並且削弱小黨影響力，此外，還要建立選民與代議士之間的責任，減少政黨領導人對名單的影響力，到了後期，改革的目標擺在行政首長直選，而不是改革議員的選舉制度。直選案的目標之一是，當選舉結果出爐，便可得知誰是總理以及由誰組閣，以減少選後至組閣過程中的不確定感（Susser, 1998: 238-254）。

這是以色列選制和憲政改革面對的問題，由於任何政黨只要贏得百分之一即可分配席次，但政府聯盟的形成以政黨為單位，人民覺得在國會沒有代表，在這種情況下，選制改革被視為是必須的。（Elazar & Sandler 1992: 299-300）

政治體系變得醜陋始自於一九七〇年代末期，Menachem Begin領導利庫黨挑戰勞工黨的地位，於一九七七年擊敗勞工黨，後來權力操縱在一些小的宗教政黨手裡，這些政黨把世俗國家的利益擺在第二順位，他們要求大黨對宗教議題讓步，並且要求任何可以從大黨那裡得到的承諾（Economist, 1990.5.5: 49）。

由於一九八〇年代以後以色列政治體系的裂縫（flaws）愈來愈明顯，不只是選民不滿，連政治人物也要求改革。從

政黨數目來看，一九八一年有三十一個政黨參選，十個政黨
贏得席次；一九八四年，過半數參選的政黨贏得席次；一九
八八年，十五個政黨贏得席次，但除了兩大黨外，沒有一個
小黨贏得超過百分五的選票。而且，夾在兩大黨中間的政黨
通常是一些正統宗教政黨（Orthodox religious parties），每次
選後，不論是勞工黨或利庫黨組閣，都必須把這些中間位置
的政黨找來才有辦法組閣，權力的平衡操縱在這些小黨的手
裡（Hazan, 1996）。

　　在這個階段，以色列的正式政治結構變化很小，例如：
依舊是比例代表制、多黨結盟政治，在一九四八年以前便存
在的Jewish Agency和Histadrut也依舊存在，兩大黨基本上也是
一九四八年以前便存在的兩大黨（Galnoor, 1993: 93-99）。

　　由於愈來愈多的宗教和右翼政黨獲得席次，選後執政聯
盟的組合可以有多種選擇，導致更多詭計（jockey）出籠，情
勢變的複雜了起來，聯合內閣要維持穩定變得很困難。不過，
除了一九九〇年以外，沒有政府因為不信任案被倒閣，通常
是國會通過一項特別法律，壓倒（Overtook）政府部門以致於
提前改選（一九五一、一九六一、一九七七、一九八一、一九
八四年）；或是總理在任內過世（一九六九、一九九五年）
或辭職（一八八三年），這時不一定會倒閣，執政黨仍可以
產生總理的替代人選，若無異議，即算達成協議（Garfinkle,
1997）。

　　在這個政治環境中，進行任何選舉改革的機會已經被降
至最低。既然兩大黨都需要中間位置小黨的支持才能獲得多
數，於是便陷入了一個「囚徒困境」（prisoner's dilemma）的
情況。雖然對兩大黨長期而言，相互合作進行選舉改革來降
低中間小黨的影響力是最佳的策略，但是就短期而言，選舉
改革的提議將會破壞未來與小黨合作的機會，使小黨紛紛轉
而支持另一大黨，所以這個時期，仍然無法進行選舉制度改

革（Diskin&Diskin, 1995: 36）。

　　有些觀察家相信一九八○年代兩次全民政府提供了兩大黨改革選舉制度的絕佳機會，兩大黨可以藉此減少小黨的代表，以及擴充他們自己的政治權力，在新聯盟建立後，兩大黨組成了一個兩黨委員會來討論選舉改革。雖然最後並未達成任何正式協議，但是這種政治新氣氛鼓勵了改革運動的進行（Hazan, 1996）。

　　兩大黨其實可以攜手合作推動選制改革，但是因為互不信任，所以難以推動，一九八八年以後，勞工黨認為只有透過改革才能增加奪回政權的機會。

　　此外，一群特拉維夫大學教授也在一九八八年出版選制改革提議，他們主張六十席國會議員由單一選區產生，另外六十席由全國比例制產生，門檻提高為2.5%。

　　一九八八年，國會針對不同版本辯論，小黨依然向大黨爭取其利益，夏米爾決定回應宗教政黨的需求，支持一個受到其他政黨反對的提議：即全國分成六十個選區；而勞工黨主張全國分成二十個選區，每區產生三名議員，結果，雙方的提案在委員會階段即遭到否決（Doron & Harris, 2000: 51-69）。

　　到了一九八八年競選期間，兩大黨都宣稱選舉過後籌組全民內閣並不可行，但是選後兩黨都各差一席小黨的支持即可組閣，只好不情願地組成第二回和的全民內閣。但這一次的全民政府並非建立在共同同意的政綱上面，雙方對施政議題的優先次序缺乏共識，僵硬的政府使國家陷入麻痺停頓的狀態，僵局變成了第二次全民政府的戳記，而沒有一個伙伴對未來的和平進程有共識，和平進程議題成了解散政府的導火線，夏米爾政府終於在一九九○年崩潰（Hazan, 1996; Brichta, 1998: 183）。

　　選後，由於宗教政黨提出巨量（enormous）的需求以加入政府，選制改革的呼聲再度向上竄升，改革者的想法是希望

改變選舉所產生的結果，但當時他們把焦點擺在改變選舉制度上（Arian, 1998: 178-205）。

　　以色列採用封閉式政黨名單比例代表制、以全國為一個選區、不具意義的分配席次門檻（得票率的百分之一）等，公認的優點是能夠容納廣泛的政治勢力，而缺點是：小派系能輕易組成政黨並導致組閣困難、議員欠缺對選民直接的責任性、議員較不照顧地方利益等等，純比例代表制的缺點幾乎從建國之初即已顯現出來，首任總理David Ben-Gurion即不斷批評選制但是卻未能加以改變（Mahler, 1997; Sprinzak & Diamond, 1993; Economist, 1990.5.5: 49）。

　　由於國會總席次為一百二十席，理論上，選後獲得六十一席以上的政黨可以單獨組閣，但這個情況從未發生過，由於有這麼多政黨，而且沒有一個政黨能取得絕對多數席次，每次選後都是由兩大黨之一出面籌組複雜的聯合政府，一方面，聯合內閣能讓政府更有包容性（Garfinkle, 1997），但選舉制度讓許多政黨進入國會，許多小黨處於令人羨慕的位置，因為他們擁有不成比例的政治份量得以要脅大黨以取得經費或其他利益來交換組閣支持，例如以政府基金補助政黨機構（宗教學校）、部長職位、法案等等，也就是說，他們決定了由那一大黨組閣或者被排除在權力之外（Mahler, 1997; Garfinkle, 1997）。

　　以色列的選制造成大量的政黨出現，一九八八年即有27個政黨參與選舉，也意味著議員不需要對特定選區負責，因此，一個議員只要受黨內的提名委員會重視，即可在候選人名單上名列前茅，縱然他被公眾所厭惡也一樣（Economist, 1990.5.5: 49）。低門檻加上全國不分區使得在國會贏得一席之地是相當容易的事，結果每次選舉都有許多政黨投入選舉，例如一九八一年有三十個政黨角逐席次（Doron & Barrykay, 1995: 300-313）。

因此，以色列政治體系面臨的問題是組閣和維持內閣的存續，有兩個因素鼓勵以色列的多黨制，一是極端比例代表制，政黨可在相對少的選票下獲得席次；另一個因素是尖銳的社會分歧，包括族群、意識型態和宗教，有時候，有些政黨在某些議題時站在同一邊，但是遇到另外一個議題時，卻站在不同邊。

這就是為什麼比例代表制在以色列政治體系中扮演重要的角色了，一方面它可以讓各方勢力共存，一方面可以由政黨來集結利益，讓小團體有機會在國會得到代表。一九四八年到一九六七年之間的比例代表制不只反應政治生活，還強化了政治安排。

當然，有時候政府的存續不需要正式的聯盟協議，例如一九九二年六月由左派勞工黨拉賓組閣，他其實仰賴六席阿拉伯議員（分成兩個黨）的支持，但他並未尋求這六位議員的正式支持，議員仍然支持拉賓政府，因此，每當反對派舉行信任投票時，拉賓總是能過關，雖然他在國會的正式聯盟成員並未達六十一席（Garfinkle, 1997）。

Sprinzak & Diamond（1993）認為，以色列政治體制遭到濫用，首先，邊際性團體擁有過度的影響力，聯盟領導人必須購買小黨的支持，通常有六到八黨，任何一黨撤回會其支持都會使政府無法形成。

其次則是不充分的個人責任，沒有個別議員的選票直接來自選民，而是由政黨名單決定，也沒有法律規定政黨候選人應該如何產生，結果，議員們的任期主要仰賴他的同事而非選民，只要得到黨內同事的信任，他就可以被列在安全名單上，不管他多麼不受大眾歡迎（Yitzhak Klein, 1993: 50-58）。而在政黨名單比例代表制之下，選民是把票投給政黨而非個別議員，候選人在名單上的順序決定了當選的可能性，個別政治人物對選民而言欠缺責任性（Sprinzak & Diamond, 1993）。

　　由於行政部門必須對國會負責，除了邊際性黨派，政府還必須處理執政聯盟內部派系的需求，行政部門變成寧可不做事，也不願意把法案及提交國會審查（Yitzhak Klein, 1993: 50-58）。

　　Hazan（1996: 27）歸納出幾點當時社會各界對政治體系的批評：

1. 政府的選擇和組成實際上並非出自選民之手。
2. 大眾對現有政黨的不滿逐漸升高，民眾認為民主已蒙上污點（tarnished）。
3. 選舉僵局不再是例外，而是常態。
4. 新的小的（splinter）政黨被鼓勵組黨，造成政黨體系的極化和分化。
5. 小黨擁有不成比例的政治權力。
6. 多黨政府使得決策困難，聯盟內的政黨在多個議題上擁有否決權。
7. 經常發生內閣危機，形成政府長期停滯。

第三節　社會分歧

　　以色列在建國前的託管時期就有各種團體存在，這些社會分歧結構影響了建國之際的制度選擇，政府體制採內閣制，國會議員選舉採用比例代表制，比例代表制雖不會擴大社會分歧，但是卻會維持既有的分歧。

　　在一九六七年到一九九二年這個階段，社會分歧在這幾個層次運作：社群、文化、宗教甚至是猶太人之間的關係，以色列阿拉伯人也開始組織政治性團體；由於正統猶太社群影響力漸增，宗教與世俗猶太人的對抗也逐漸深化；以族群為基礎的團體也漸漸建立起來，並且邁向跨人際、跨社群的

互動，而不是僅停留在菁英互動的層次。

宗教團體：最顯著的變遷是民族宗教黨的衰退，極端正統政黨的興起，宗教政黨經歷了內部分裂，並且第一次有族群宗教黨（ethnic-religious parties）的興起，也就是Tami黨和Shas黨，從一九七七年開始，所有宗教政黨皆加入利庫黨領導的聯合政府，但是一九九二年大選後，只有夏斯黨加入勞工黨領導的聯合政府。極端正統政黨在聯盟政府的代表增加以後，使得宗教事務更形緊張，並導致極化的發展，尤有甚者，宗教對抗、族群分岐和佔領區未來的辯論更加緊密地聯合在一起（Galnoor, 1993: 93-99）。

族群團體：東猶團體在地方政府、工人議會、勞工議會逐漸增加，抗議者和利益團體開始呈現族群訊息，政黨也加入族群黨綱，這意味著先前的籠絡等安排失效，也使得低收入社區和發展中城鎮的議題進入國家議程（agenda），並要求教育、就業和住宅的平等教育。

以色列阿拉伯人：以色列阿拉伯人在地方當局擁有愈來愈多的政治獨立性，從一九八四年開始也有獨立的阿拉伯人政黨，不過，除了在特定地區有漸增的自主性以外，阿拉伯組織仍然欠缺猶太正當性，政府部會仍然分離對待阿拉伯人事務。內部分裡導致以色列阿拉伯人在國會低度代表，從正式面來講，以色列阿拉伯人擁有平等權利，但是卻很少人任職於政府公職，當阿拉伯人在國會擁有代表時，缺乏來自阿拉伯選民的支持，尤有甚者，猶太人與阿拉伯人之間的緊張關係因為巴勒斯坦問題和新猶太移民而更加惡化（Galnoor, 1993: 93-99）。

一九四八年到一九六七年這個階段，政黨扮演重要的功能，但是在第二階段不復存，社會分岐在政治體系中找到不同的出口（Outlets），東猶、以色列阿拉伯人、極端正統猶太人有自己的組織化架構，例如兩個東猶政黨，Tami黨和Shas黨

傳達出清楚的族群訊息。

這些發展有助於社會多元和開放，但是社會緊張也愈來愈難以管理，政黨難以扮演調和的角色，社會分歧大到會分裂這個社會（Galnoor, 1993: 93-99）。

在過去，宗教政黨參與聯合政府是穩定的因素，但是現在卻成了分裂（disruptive）的因素，現在常常用法院來解決問題，過去多半是在政治體系內解決，這個情況影響政府在外部事務的表現。在一九六七年戰後，以色列難以對外交和國防事務達成共識，除了著名的埃及協議以外，外部挑戰變成難以應付，很難做出決策，社經變遷弱化了以色列政治的菁英本質。

一九六七年到一九九二年這個階段最顯著的變遷是政黨的衰退，相對而言，其他團體的權力漸漸增加，政黨成為社會和政治體系之間的調和機制，確實，政黨之間的結盟協商變成一件骯髒之事，引發民眾對政治領導人缺乏信任（Galnoor, 1993: 93-99）。

由於上述建制（establishment）尤其是政黨的衰退，新的、獨立的利益團體興起，議會外的團體，例如Gush和Emu-nim Peace Now，為那些在政黨中得不到代表的民眾提供新的架構。從正面的角度來看，自主性團體的產生可減少政黨為特殊利益代言，現在東猶或阿拉伯人領導人以很難被籠絡，但是新團體也為以色列民主帶來負面效應，包括暴力和非法活動。

從一九六七年開始，聯合政府不是太窄就是太廣泛，協商過程不在導致穩定的協議，一方面是因為政黨內部決策不再具有重量，另一個原因是市民的自主參與度增加，透過壓力團體、示威抗議、罷工等方式展現其意向（Galnoor, 1993: 93-99）。

在一九四八年到一九六七這個階段，以色列的社會分歧

受到政治安排的管制，政治菁英是強勢的，透過政黨的調停過程獨立於操縱角色之外；因此，政治體系獲得寡頭控制，更重要的是，國家政治領導人之間沒有嚴肅的競爭。資訊傳播方法經常是父權的（paternalistic），來自底層的資訊必須透過中央空制的管道流通，以色列政治體系在這個階段是穩定有效能的，避免了內部暴力或革命，享有高度公眾支持和正當性，民眾對國家的忠誠不需懷疑，經濟成長率在全世界也是很高的，雖然以色列是一個組織良好由上而下的民主國家（Galnoor, 1993: 99-102）。

一九六七年之後，社會分岐當中的宗教議題引發危機，政府建制和政黨的式微導致不穩定和民主遊戲規則的偏差。從政治本位來看，更具威脅的是對國家目標的競爭定義，以及對政府決策的強烈反對（例如一九八二年自西奈半島撤軍），同時也顯現在象徵符號的競爭（Judaism和The Land of Israel），以及對國家政治領導寡頭統治的質疑。

中央政府之所以自一九六七年開始式微，起因於對佔領區行政採分離機制。民眾對政府的不滿逐漸增加，要求政府體制和選舉制度改革；國會外團體也逐漸興起，意味著政黨做為民眾和政府之間的溝通管道已經失去效用，換句話說，以色列的民主更加開放，資訊流通更不受管制，導致先前的建制式微。

以色列小黨奠基在宗教、族群或意識型態上，有些政黨只有一個面向，例如共產黨，有些政黨有許多面向，例如夏斯黨同時事宗教黨也是東猶黨。小黨在組閣後可以拿到極大的權力，他們會爭取與其選民利益相關的部長職位，爭取政府基金回饋給支持者，小黨之間經常為了爭取住宅部或宗教事務部發生衝突。為了應付小黨的要求，經常會拖延組閣完成的時間，兩大黨在一九八四年和一九八八年因而組成全民政府（Doron & Harris,2000: 71-89）。

以色列是一個新移民的社會，一九八〇年代末期，有百分之四十五的猶太人不是在以色列出生的，一九九〇年之後，來自衣索比亞和前蘇聯國家的猶太人開始大量移入以色列。以色列也是一個異質性的社會，主要的社會分岐有：「猶太人與阿拉伯人」、「守戒（Observant）的猶太人與未守戒的猶太人」、「東猶（來自亞洲或非洲）與西猶（來自歐洲或北美）」，此外還有教育、就業、收入的歧異。此外，以色列社會也超載了（Oberburdened），太多人期望從政治獲得回報，不論是集體安全還是社經發展，這造就了以色列中央集權式的政治，政治也滲透到生活各層面，以色列政府介入日常生活的程度恐怕是民主國家中最高的（Galnoor, 1993: 87-89; Sheffer, 1999: 55-72; Machmias & Sened, 1999: 269-294; Peters: 1-17）。

以色列主要有四條分岐線，前兩條涵蓋整個人口，後兩者涵蓋猶太人本身，這四條分岐線分別是：一、社會經濟；二、猶太人和阿拉伯人；三、世俗和宗教猶太人；四、西猶與東猶。

社會經濟

由於以色列國會選舉沒有地方選區，且採用封閉式政黨名單比例代表制，國會議員比較不需要與地方選民互動，或是爭取地方利益，反而需要經營全國性團體，或是黨內關係。

任何國家的制度改革都是很困難的，以色列的制度結構使得改革更加困難。根據Klein的歸納，以色列社會經濟有三個特徵：

政府是保護者（patron）：以色列是中央化的政府體制，國家扮演的是經濟或其他社會行動者的保護角色，從管制到貿易保護甚至直接補助，這些保護被視為是國家的義務。

公共政策的貧困（impoverishment）：人民對政府保護的

要求隨著時間而增加，特別是在社會壓力和經濟蕭條時期，這使的一九六○年代末期政府支出和公債逐漸擴張，公共財政成為經濟不穩定的主要原因，這幾年的政府政策都在與通貨膨脹和不景氣（recession）問題對抗，任何公共政策的顯著變化，不論是增加還是減少或是重新配置政府支出，都會對社會各階層造成影響，付出政治成本。

政府的體系：以色列的政府體系給予邊際性團體（不管它是否組成政黨）對公共政策享有否決權，政治菁英由人民間接選舉產生，任期有保障，不因其表現而改變。

社會經濟和政治制度的互動產生出一個循環，導致經濟不景氣和政治僵局，使得體系改革很難達成，因為改革必定傷害某些人的利益，政黨也會反對改革。然而，當每個個體覺得消滅惡魔的成本低於寬容的成本時，改革終究還是發生了，有時候基於國家共識的改革是會被忍受的，一九八五年消除通貨膨脹的經濟改革便是一例。一九九二年公眾要求通過的選舉改革法案，是一個和民眾福利沒有直接關連或立即威脅的議題，這些改革顯示出只要民眾有所共識，民意有所要求，經濟和政治制度的僵局就有機會被打破（Yitzhak Klein, 1993: 42-43）。

以色列的政治體制參考自建國之前的世界猶太復國組織（World Zionist organization）的制度（Doron & Barrykay, 1995: 300-313）。

以色列是由復國主義者所創建，他們把猶太人安頓在歷史的家園，創建者必須處理外部敵意、內部動亂以及文化挑戰，因此需要強而有力的中央權力來動員群眾，並且徵兵為國家目標奮鬥（Yishai, 1999: 73-86）。

對於猶太國的建立，勞工猶太復國主義（Labour Zionism）的貢獻較多，右派和極右派的角色較少（Sprinzak, 1993: 120）。在英國託管期間，猶太人建立了猶太總工會聯盟

（Histadrut），這是一個由世俗派於一九二〇年所建立的組織，它個功能超出純粹的工會運作，在營建業、製造業和銀行界有廣泛的影響力，也是猶太勞工的大本營，一九四八年建國後，工會聯盟依舊是重要的機構（Dumper, 1997: 373）。

以色列最具影響力的利益團體是Histadrut，這是一個勞工聯盟，在一九七七年以前，Histadrut擁有半官方的地位，因為它與執政的勞工黨有密切的關係，人員在Histadrut、勞工黨和政府之間流動。

Histadrut的重要性不只是勞工聯盟，它是最大的社會組織，同時也是最大的單一經濟體創辦人和雇用人，一九七七年，有超過半數的勞工是Histadrut的會員，超過百分之九十的組織化的工會隸屬於Histadrut，超過三分之二的人口投保該聯盟的健康基金。

一九七七年勞工黨下台，利庫黨上台後，Histadrut失去半官方的地位，成為非政府的反對團體之一，而當利庫黨宣稱要取消勞工黨政府對於Histadrut的諸多補助時，Histadrut領導人揚言要罷工（Peretz & Doron, 1998: 150-169）。

Histadrut底下也有各種專業團體會員，其中，電子產業工人與教師的力量甚至強大到不需要Histadrut的保護，但Histadrut掌控十三個大型團體使得它能對政府形成威脅（Peretz & Doron, 1998: 150-169）。

Histadrut提供會員健康服務並向會員收取會費，因此，很少有會員抱怨，問題出在利庫黨和國家主義者，前者要求把健康制度私有化，後者主張國有化（Peretz & Doron, 1998: 212-230）。

一九七七年選後，利庫黨Begin找民族宗教黨黨入閣，民族宗教黨要求修改回歸法，改成「只有信仰正統派猶太教的人才能註冊為以色列公民。」這個要求引爆了流散世界各地的猶太人與以色列政府的論戰。衝突的焦點集中在世俗與宗

教社群有關資源的分佈上（Cohen & Susser, 2000: 1-16）。

　　一九八〇年代，以色列醫療體系陷入經營危機，利庫黨掌握衛生部時，欲將醫院等醫療機構民營化，但由於Histadrut反對，故遭到失敗的命運。

　　到了一九九二年，超過一百五十萬人隸屬於Histadrut，使得Histadrut比任何單一政黨都還重要。它的教育網絡包括高中、學院和職業學校，並且提供成年人各種專業訓練（Peretz & Doron, 1998: 212-230）。

　　從一九八一年的選舉來看，勞工黨的支持者多半是西猶、年齡層中上、白領階級，而立庫黨的支持者是東猶、年齡層在十八歲到三十歲之間，藍領階級、教育水平較低，其收入也比勞工黨低。勞工黨主張穩定匯率、長期薪資，並且逐漸調整稅收（Peretz & Doron, 1998: 244-268）。

　　一九七三年戰後，一群年輕的前政府官員組成立即和平（peace now）運動團體，他們要求政府採取更多作為達成和平，反對在佔領區進行屯墾活動，他們的口號是：「和平比大以色列更偉大！」以色列許多建築和農業勞動人口是由巴勒斯坦人擔任，一九八七年巴勒斯坦人抗爭期間，軍方很難處理巴勒斯坦人拒絕繳稅給以色列當局的情形，他們甚至拒絕到以色列就業（Peretz & Doron, 1998: 244-268）。

　　以色列政黨企圖去影響生活的各個領域，政黨站在各種團體的頂端，涵蓋了教育、文化、貿易、運輸、出版、醫療等組織。（Hazan, 2000: 110）因此，以色列被稱為政黨式民主，因為政黨在國家形成以及維持政治事務方面扮演決定性的角色，因為政黨提供社會服務，包括社會福利和健康服務。政黨滲透到社會各階層去提供服務，以換取選民對政黨的支持。政黨也控制了公職的提名，他們以確保官僚體系中某些特權職位的方式殖民這個國家，他們建立起一種關係網絡，以利益配置和國家援助來交換選票，為此，以色列政黨

建立起紀律嚴明的組織化結構，並且滲透到官僚體系中。

　　政黨式國家的另一項產物是建立起與利益團體之間的關係，政黨會建立各種運動俱樂部、疾病基金等組織以提供健康福利服務（Yishai, 1999: 73-86）。

　　國家是以色列勞工最大的雇主，國家擁有龐大的權力，對經濟的管制是巨大的，國家霸權鑲嵌在政治文化中，是一種政府統制論（statist）的政治文化。國家優勢同樣展現在官僚對決策制訂的壟斷，包括社會、經濟與國防領域。誰得到，誰失去，都取決於行政決策，國家享有充分的自主性以做出決策不會受到內部摩擦威脅，也不會受利益團體嚴重的挑戰（Yishai, 1999: 73-86）。

　　以色列政治由政黨所控制，政黨不論大小都想發展出綜合性組織，擁有報紙、印刷廠、運動俱樂部、醫療保險、住宅計畫、工會、專業協會、屯墾組織，甚至銀行，各政黨擁有黨產，有組織，並且有能力迎合黨員的需求（Peretz & Doron, 1998: 70-115）。執政聯盟成員比反對黨更能拿到資源與服務，通常是政府基金。

　　建國前的Yishuv時期採用大聯合內閣，把所有復國主義團體納進來，除了修正主義團體以外，公共資源依照比例性加以分配，即所謂的「關鍵政黨制（key-party system）」，自主性原則不僅涵蓋宗教教育，還包括復國主義中的社會主義教育，即俗稱的勞工黨傾向（Labour trend）（Don-yehiya, 2000: 85-89）。

　　然而，以色列建國後較少採取和解的方法來處理團體間的衝突，勞工黨傾向的自主性教育也在一九五三年國家教育法通過後取消（Don-yehiya, 2000: 85-89）。

　　選制改革的呼聲自建國以來便存在，首位提倡者即是首任總理David Ben-Gurion，比例代表制使得各種勢力都能進入國會，不利勞工黨的獨大和其他具有魅力的建國領袖，在不

妨礙他的統治之下，勞工黨創造了權力分享的安排，保護世俗社會裡的宗教陣營，以及由社會主義政黨統治的私人企業（Elazar & Sandler 1992: 297-299）。

但Ben-Gurion並未發現最大反對派來自黨內，一直到一九七三年利庫黨成為國內有可能替代的政黨（三十九席），總理拉賓的權威才受到來自內外的挑戰（Elazar & Sandler 1992: 297-299）。

一九四八年建國後，意識型態、社會與經濟分歧等因素比族群更能解釋以色列複雜的分化情況。勞工黨主導政治的情況一直持續到一九七〇年代末期，建國前的階層一直被保留著，三大分離的陣營一直存在，分別是勞工黨、宗教陣營和市民集團（Sheffer, 1999: 55-72）。

在一九四八年到一九六七這個階段，以色列的社會分歧受到政治制度的制約，政治菁英是強勢的，透過政黨的調停過程獨立於操縱角色之外；因此，政治體系獲得寡頭控制，更重要的是，國家政治領導人之間沒有嚴肅的競爭。資訊傳播方法經常是父權的（paternalistic），來自底層的資訊必須透過中央控制的管道流通，以色列政治體系在這個階段是穩定有效能的，避免了內部暴力或革命，享有高度公眾支持和正當性，民眾對國家的忠誠不需懷疑，經濟成長率在全世界也是很高的，雖然以色列是一個組織良好由上而下的民主國家（Galnoor, 1993: 99-102）。

由於以色列以全國為一個選區，地方政府在中央不具「拉力」（pull），因為沒有一個國會議員代表特定地區，換句話說，中央政府政治勢力的分野並非根據地域，一個部會首長並不會刻意為他的家鄉爭取補助經費，這一點與美國不一樣，以色列甚至發展出全國性的政治階級（Garfinkle, 1997）。

Elazar和Sandler認為，以色列是一個類協和式（semiconsociational）政治體系，以比例代表制來保障政黨的權力，並且由政黨制衡政策，建國之初有強勢領導加上強人政黨，因此運作起來堪稱順利（Elazar & Sandler 1992: 297-299）。

勞工黨的主流主張是採取相對現代化的外交和國防策略，加上社會民主式的意識型態，由中央化的國家推行社會福利政策。市民集團則主張自由經濟與社會政綱，面對阿拉伯人與猶太人衝突時，採取民族主義的態度。宗教陣營則以宗教為基礎，採取傳統正統派的態度。

由於沒有一方能贏得足夠的支持單獨組閣，如果大聯合內閣不可得，就必須由各政黨分享權力，組成較小的聯合內閣，聯盟中的成員擁有相互否決權以確保自身的利益，並且按照比例分配國家資源。此外，內閣職位的配置也按照執政聯盟成員的相對大小來分配，特別是與經濟利益有關的資源也按照比例來分配。

以色列各政黨情況組織良好，他們會儘量迎合派系與選民的需要，成員們為了回報政黨所給予的利益，他們會表現忠誠，之所以需要堅定的忠誠與紀律出自兩個原因，首先是為了避免衰敗，成員愈多，所佔的比例愈高，其次是避免成員的背叛破壞全體（Sheffer, 1999: 55-72）。

為了避免小摩擦引爆各陣營之間的衝突，整個體系透過高度中央化的政府由菁英加以控制，為了繼續維持穩定，菁英提倡象徵結構以確保國家團結，接受國家的控制（predomi-nabce），順從國家的領導。此外，保持宗教的Status Quo（維持現狀）原則，包括宗教食物、節日、葬禮、結婚、離婚等等，並且同意所有宗教服務都由正統派和極端正統派政黨控制，由他們主持的機構來提供服務。

一九六〇和一九七〇年代也是經濟逐漸自由化的時代，一九六七年戰後經濟快速發展，以色列政府參與許多國際經濟組織，包括GATT、IMF和世界銀行等等（Sheffer, 1999:

55-72）。一九七〇年代，伴隨著經濟自由化而來的是政治行政部門的弱化，私有部門的政治權力逐漸增強。

猶太人與阿拉伯人

以色列的阿拉伯人約有八十萬人，佔總人口數的五分之一，但是他們的數量卻沒有轉變為相對稱的權力，原因出在阿拉伯人政治的分裂本質。阿拉伯人無法組成單一個政黨或是選舉聯盟，以致於選票都被浪費掉了，在一九九二年的選舉中，百分之五十二的阿拉伯選民投票給猶太復國主義政黨，尤其是勞工黨和Meretz黨（Peters: 1-17）。

長期以來的歧視和忽視，使得超過半數的以色列阿拉伯人生活在社會經濟貧窮線以下，失業率偏高，沒有阿拉伯人被聘為高級政府官員，只有少數人得以在公家機關服務（Peters: 1-17）。以色列阿拉伯人大約佔百分之十九，雖然阿拉伯人擁有政治權力，但是仍然是傳統猶太政治的局外人，欠缺有意義的權力分享（Dowty, 1999: 169-182）。Moledet黨主張把約但河西岸的阿拉伯人轉移到其他阿拉伯國家（Elazar & Sandler, 1998: 12-24）。

另外，阿拉伯人有自己的教育和文化機構，但是沒有自主權來管理這些機構，阿拉伯人也從未擔任過部長，所獲得的資源分配低於其人口比例（Don-yehiya, 2000: 85-89）。

以色列為阿拉伯人所做的教育想衝造一種新的認同，去除巴勒斯坦化，他們還要學習西伯來聖經與西伯來文學，阿拉伯人變成雙語和雙文化的人，他們被教育接受以色列民主，但是不用服役（Kimmerling, 1999: 27-44）。

由於從國會中獲得微弱的回報，阿拉伯人投入更多心力參與地方政治，在地方層次，阿拉伯人對自己的事務較有影響力，他們透過國會外的團體關心自己的利益。阿拉伯人並未從比例代表制中獲利，但總理直選制可讓他們有機會發聲

（Peters: 1-17）。

總理直選法案將會讓阿拉伯選民在選擇總理時把票投給勞工黨候選人，根據舊的規則，阿拉伯選民投給小型猶太宗教政黨並非不理性的，因為這些政黨已經與部分互不敵視的阿拉伯人社群建立起恩庇—依隨（patron-client）關係，包括民族宗教黨（NRP）和夏斯黨（Shas）都接受回教徒和阿拉伯人的選票，也會利用職務之便回饋選民。在新制度下，總理可以為了組閣需要獨立任命部長人選，任何阿拉伯人投給右翼或宗教政黨的誘因將不復存，將不會再有任何干擾阿拉伯人集中選票投給左翼陣營，我們可以預期所有阿拉伯人選票將投給勞工黨總理候選人。

此外，總理直選也意味著將阿拉伯人整合進以色列政治體系中，所有偏向左翼或偏向勞工黨的選票將匯聚到單一的選舉票數中，票箱上不會顯示投票者的名字、宗教信仰或民族，新制度讓阿拉伯人克服支持某個左翼政府的問題，並且意味著投票者都是以色列公民（Nisan, 1995: 63-64）。

世俗派與正統派

在Yishuv與建國初期，以色列宗教陣營沿著兩條不同的路線結盟，一條是對待復國主義以及現代以色列社會文化的態度，另一則是依照意識型態與階級分裂的左右陣營，這些議題是Yishuv與建國初期最主要的議題，交叉切割出四種宗教政黨，讓復國主義陣營與正統派陣營都有左右之分，而政教議題的分岐則切割出宗教政黨與世俗政黨（Don-Yehiya，1998: 81-97）。

復國主義陣營於一九五六年成立政黨：民族宗教黨，該黨贏得百分之九到十的的選票，並且經常加入勞工黨的聯合政府，正當性不曾被質疑。在非復國主義極端正統陣營方面，Agudat Israel反對猶太國的概念，這使得他們自外於許多

國家組織,例如教育和軍隊,弔詭的是,正統派拒絕承認國家的正當性,但是國家保障正統派存在的正當性,並且滿足他們的需求。正當性使國家與極端正統派政黨間的協商成為可能,並導致漸增的資源配置,於是,在國家的協助下,正統派社會發展成學者的社會(society of scholars),學者社會的成功讓他們放棄分離原則,愈來愈拖正統派政黨參與政治,甚至加入聯合內閣,若不承認國家,將使自身陷入政治論述(discourse)中的邊緣位置(Nisan, 1995: 63-64)。

　　以色列建國後,意識型態與階級這條分歧線漸漸衰退,對於宗教陣營造成立即的影響,一九五六年,兩個宗教復國主義政黨合併,組成民族宗教黨;另外,兩個正統派政黨Agudat Israel和Poalei Agudat Israel也在一九五五年組成聯合陣線。會有這兩種陣營,是因為對待復國主義和以色列國的不同態度所致,而不是因為階級分歧(Don-Yehiya , 1998: 81-97)。

　　當階級分歧漸漸衰退,宗教所扮演的角色並未衰退,宗教─世俗議題會與教育以及宗教立法相關連。到了一九六七年戰後,對於佔領區應抱持鷹派還是鴿派的態度成為另一個重要的分歧(Don-Yehiya , 1998: 81-97)。

　　以色列猶太人也可區分成四種:極端正統派(ultra-ortho-dox),約百分之八、宗教復國主義者(religious Zionists),約百分之十七、傳統猶太人(traditional Jews),約百分之五十五、世俗派(secular),約百分之二十。

　　許多傳統猶太人與正統派的差別只在於,傳統派猶太人會在安息日開車、使用電器用品、看電視、打球或到海邊散步(Elazar & Sandler, 1998: 12-24)。

　　而以色列聯盟政治可分成三個陣營:左派陣營、宗教陣營和右派陣營。一九七七年以前,宗教陣營傾向與勞工黨結盟,一九七七年以後,傾向與利庫黨結盟,他們在外交和安全政策的位置與利庫黨較為接近(Shamir　& Asher Arian,1995:

5-13）。

「和解」在聯合內閣中扮演重要角色，世俗與宗教政黨以一種「穩定結盟」的方式存在，也就是在深刻分歧的社會中，納入反對陣營的代表，在以色列，宗教政黨幾乎參與了所有的政府內閣，他們總是參與政府，縱使該次聯合內閣並不需要他們的支持（Don-yehiya, 2000: 85-89）。

過去，極端正統派社群是主流政治遊戲的局外人（Outsider），不過這個情況隨著時間而改變，例如一九六七年戰爭的勝利，復國主義認為是軍事與政治的勝利，但正統派質疑，如果沒有上帝的祝福，復國派怎可能獲勝？建國之初，正統派參與政治是扮演宗教社群守衛的角色，但是後來漸漸開始涉入其他領域的議題，例如佔領區議題（Kimmerling, 1999: 27-44）。

根據Hazan的整理，有四個理由可說明何以以色列會朝向多數決模式（總理直選）：一是六日戰爭及其領土影響，二是兩大黨集團的出現，三是宗教次文化內部的轉變，四是新的選制改革法案轉換了整個政權。

一九六七年以色列在六日戰爭中大勝，一般認為是軍事武力的團結所致，而宗教陣營卻認為這是神蹟（miraculous）。戰後所佔領的土地問題成了以色列新的分歧，左派希望以土地換取和平，右派反對。

一九八〇年代以後，以色列的政黨體系變成雙元的競爭結構，留下中間的位置由宗教政黨填補，「歷史的伙伴」告終，宗教政黨可以決定由那一個大黨組閣，入閣後還可以繼續威脅倒閣當未能獲得他們想要的利益時。

宗教陣營內部也有所變化，曾經主導宗教陣營的民族宗教黨現在衰退了，同時，它也開始涉入非宗教事務中，在年輕一輩的領導人掌權下，該黨變得與反對領土和解的右派站在同一陣線，變得更關心宗教事務也更好戰。宗教極端主義

者變得民族主義化，而宗教民族主義者變得極端化。而宗教非復國主義者比例的增加，更惡化了宗教議題的緊張性，夏斯黨是一個宗教族群政黨，於一九八〇年代興起，打破了宗教非復國主義者對實際政治的疏離，夏斯黨不但參與政府，更提高了以色列政治當中極端正統宗教的成分（Hazan, 2000: 124-128）。

宗教對抗漸漸與族群和領土分岐連結在一起，一九八〇年代中期宗教政黨對大黨的極端要求促成全民政府的產生。宗教世俗的分岐與鴿派鷹派的分岐重疊（Overlap），自從一九六七年以後，宗教便捲入民族主義中，一九九〇年代，以奧司陸協定為對象，極端正統派非常反對和平進程，只有百分之二十的極端正統派贊成，正統陣營有百分之四十三支持，而傳統及世俗陣營有百分之八十贊成。（Hazan, 2000: 124-128）

以色列的猶太人主要可區分成兩大陣營，百分之八十人口是世俗派，百分之二十是正統宗教派。幾乎所有宗教派都穿著黑色的服裝、戴帽子（Elazar & Sandler, 1998: 12-24）。

民族宗教黨吸引了那些自認為是宗教派的選民，以西猶為主，他們有可能是世俗派，但是又關心猶太教的未來。Meretz黨認為國家應改減少宗教的角色。Menazhem Begin是Herut領導人，一九六三年與利庫黨（Liberal）結盟，一九七三年，La'am派加入。

雖然以色列正統派宗教人口是少數，卻未被視為少數團體。一開始，復國主義運動是世俗的，並且挑戰傳統猶太生活，但宗教政黨已經整合進政治體系當中。這個現象可以從兩個因素來解釋，首先，自願性團體、復國主義運動和建國前的政治體系鼓舞了政治活動的基礎；其次，更為關鍵的是，猶太教已經成為國家社會認同的主要成分，對於維持全國團結已有廣泛共識，確保宗教政黨擁有正當性。此外，還有一

項維持現狀（status quo）的協議，在世紀之初，宗教陣營即分成兩股勢力：復國主義與非復國主義，不過雙方仍集中焦點在維持現狀，並且供應選民的需求（Herzog, 1995: 82-88）。

一九七〇年代，有兩項重要的變遷影響了上述兩股宗教潮流，一個是復國主義政黨的政治論述，另一個則是族群分離（ethnic split）的覺醒。當利庫黨掌權後，政治的首要辯論議題是領土議題，疆界的界定，政治術語從「以色列國（the State of Israel）」轉變為「以色列的領土（the Land of israel）」，從「以色列人（Israelis）」轉變為「猶太民族（Jewish Nation）」。

以族群為基礎的政黨有Tami黨和夏斯黨，都是東猶宗教政黨，東猶與西猶的分離在宗教傳統之下取得正當性與制度化（Herzog, 1995: 82-88）。

一九七七年以後，兩大黨必須拉攏宗教政黨，因為沒有他們就無法組閣。在勞工黨主導時期，宗教政黨的勢力是受限的，勞工黨默認宗教政黨的需求是出自勞工黨社會經濟意識型態的考量，而非結盟的需要，對勞工黨而言，對宗教政黨的讓步並不會威脅猶太國的現代化和民主本質（Cohen & Susser, 2000: 38-72）。宗教政黨給人一種勒索者（extortionist）的形象，一九七七年以後，不論利庫黨何時組閣，都會把教育部長的位置由民族宗教黨黨擔任，對宗教陣營而言，控制教育體系是他們潛在的政治資產（Cohen & Susser, 2000: 38-72）。

正統派與世俗派猶太人之間有尖銳的意識型態分岐，在建國之初也威脅著國家團結，因此，許多正統派儀式都被保留，包括結婚離婚等儀式，Ben-Gurion提倡憲政雙元主義（constitutional dualism），國家是由世俗派與正統派所構成（Peretz & Doron, 1998: 175-197）。

民族宗教黨強調猶太人的教育，在公眾生活層面執行正

統派的法律，由正統派拉比控制猶太人的結婚、離婚和其他
家庭事務，正統派陣營反對世俗派的婚姻，主張拉比法院有
最後決定權。他們發展出宗教學校和其他機構的社會網絡。

　　宗教民族主義者則認為政教分離原則曲解（distort）了猶
太教，他們認為只有猶太法典才能確保猶太人的認同，正統
派政黨特別強調教育，堅持要有自己的學校體系，第一屆內
閣的首度危機即肇因於宗教政黨和政府對於新移民的學校意
見不合所致，勞工黨要求建立世俗體系，宗教政黨要求控制
從宗教家庭來的新移民的教育，宗教政黨對社會的影響力系
透過拉比會議（Rabbinical Council）和首席拉比（Chief Rab-
binate）為之（Peretz & Doron, 1998: 70-115）。

　　宗教復國主義者認知到宗教政黨是在防禦對抗以色列的
世俗潮流，一九六七年以後，內閣對於猶太人道佔領區屯墾
的議題有所爭辯，民族宗教黨的立場傾向於利庫黨，認為佔
領的土地屬於以色列固有的領土。

　　民族宗教黨在一九八一年之前都一直擁有十到十二席，
這是個吸引人的聯盟候選人，首先，民族宗教黨關注的焦點
並不直接與安全或經濟議題相關，允許執政黨在這兩個議題
有自由的空間；其次，民族宗教黨的席次有助於贏得最小獲
勝聯盟，因此，民族宗教黨常是勞工黨和利庫黨的結盟對象，
然而，在一九八一年，它的席次滑落一半，跑去正統東猶政
黨Tami去了。

　　由於總理比金強烈支持宗教議題和利益，民族宗教黨因
此能支持利庫黨而不需擔心損及自己的利益（Peretz & Doron,
1998: 70-115）。

　　而族群和宗教在選票上具有顯著相關性，宗教因素隨著
時間而重要，尤其是一九九二年競選期間。有百分之四十的
右派支持者認為，政府必須依循宗教傳統的指導，只有百分
之二十一的勞工黨支持者持同樣的立場。有關資本主義和社

會主義的分岐則沒有如此顯著性（Shamir & Asher Arian, 1995: 26-34）。

一九八八年國會大選，正統派政黨最在意的就是讓正統派學校Yeshivot的學生得以免服兵役；其次，則是要求政府「公平」補助他們的教育和慈善機構，甚至希望為年輕的下一代爭取住宅補助（Liebman, 1993: 154）。

吾人也可以從一些夏斯黨的各種說法中看到宗教─世俗分岐的象徵，例如，一群孩童在公車車禍中喪生，夏斯黨說：「這是對不遵守安息日戒律的懲罰。」另外，夏斯黨內政部長對於「誰是猶太人？」未能由正統派拉比加以認證感到憤怒，因而下令行政機構不允許由其他派別拉比進行公民權驗證工作，但最高法院隨即駁回他的命令，而當正統派政黨修改回歸法的舉動失敗後，他憤而辭去部長一職（Freedman, 1989: 410）。

西猶與東猶

全世界猶太人約一千三百萬人，百分之八十五是西猶，其中百分之十住在以色列，百分之十五是東猶，其中三分之二住在以色列。也就是說，以色列境內有百分之五十五的猶太人是西猶，百分之四十五是東猶（Arian, 1998: 32-37）。

在以色列，東猶人口是多數。在以色列建國之初，政治人物不想擴大族群分野的正當性，於是以模糊的方式處理族群分岐。雖然東猶與西猶雙方數量相當，但貧窮和工人階級多半是東猶，而上層階級和菁英主要是西猶主導（Peters: 1-17）。

東猶（Orientals或Sephardim）來自近東、北非、葉門、伊索比亞、巴爾幹半島、伊朗、印度以及前蘇聯的回教區域，西猶（Ashkenazim）來自德國，說的德語和希伯來語的混合語（Yiddish）、歐洲和美國（Smooha, 1993: 161）。

西猶在教育部門具有決定性的優勢，以一九九〇年的資料來看，西猶比東猶平均多受教育一點四年，同時，東猶高比例識不識字的，大專院校程度的比例也很低，只有16.5%的東猶受過學院教育，卻有56%的西猶受過學院教育。

人口當中的貧窮和工人階級多半是東猶，而中上階級大多是西猶，這個結構是穩定的。是什麼原因造成以色列的族群階層呢？首先，在工業社會中都可以發現階級現象，一個人的出身會讓他所能交往的鄰居、朋友、同學受限。其次，家庭背景強化了族群不平等，東猶通常是大家庭，父母沒有什麼可以給子女，而西猶多半是小家庭，資源也就比較多。社會福利政策只能確保群族不平等不要再擴大，卻不能減少群族不平等的現象。

西猶並非一開始就晉身中上階級，而是經過一番轉變才形成的，西猶多半是小家庭，領取德國補償金以及自我認知為歐洲人的形象。東猶移入者大部分被安排在公共服務尚待開發的新發展城鎮，就業機會少，失業率高，東猶移民會被派去新的合作農場（co-operative farms），而且生產工具並不充分，他們沒有人脈也沒有組織來抗議所遭受到的歧視待遇。這是勞工黨主掌權力的時代，是勞工黨的政策造成族群分化的現象，他們認為東猶是「沙漠失落的一代」，會對以色列民主和文化造成威脅（Smooha,1993: 162-166）。

東猶西猶有共同的猶太信仰，包括猶太族、希伯來語文和作品等等，以及一些受到西方影響的文化，以色列基本上是一個類西方（semi-western）的國家。雖然如此，東西猶在次文化上仍有差異，最大的差異是宗教實務，東猶有自己的宗教風格和儀式，但既非極端正統教派亦非世俗派，而是中間範疇的Masorati派。從基本教義帶的角度來看，東猶是務實派。東猶人使用的希伯來語比較接近阿拉伯腔，較不是正式的，且東猶多半是貧窮階級、工人和無產者。

　　至少在一九六〇年代以前，東猶被認為是文化弱勢，並且有被同化的危機，東猶被視為尚未去除其阿拉伯背景，因此必須進行文化改造。西猶自視歐洲化，而東猶則是阿拉伯化以及中東化（Smooha,1993: 166-168）。

　　基於經濟和文化的理由，來自回教國家的移民者傾向於認同民族宗教黨，一方面民族宗教黨是完整復國主義統治階層的一部份，另一方面，它有現代化的宗教文化而非東歐猶太人的經驗，他們使用西伯來語禱告但是穿著現代衣服。而正統教派帶有傳統西猶文化，有著東歐的氛圍，他們說的是西伯來語和德語的混合語（Yiddish），穿著也與東猶不同（Friedman,1993: 190-199）。

　　就投票行為而言，西猶偏好左翼政黨，東猶偏好右翼政黨（Diskin, 1989: 81）。

　　一九六五年至一九九〇年之間的多黨競爭讓東猶漸漸減少族群不平等在政治上面的代表。西猶幾乎控制了所有國家權力的中心，包括國會、最高法院、高級文官等等。所有的政黨當中，除了夏斯黨，其他政黨領導人都是西猶，不過在勞工黨中央有三分之一式東猶，利庫黨中央有二分之一是東猶。西猶還寡佔了經濟權力，包括經濟部長和大工業。東猶代表的興起主要是靠選舉而不是靠被任命。

　　東猶政治強度強化的來源之一是把選票集中投給利庫黨陣營，一九八八年大選，有百分之八十的東猶把票投給利庫黨、夏斯黨、民族宗教黨、Moledet和其他右翼小黨，使得利庫黨仰賴東猶，而使勞工黨注意到東猶勢力（Smooha,1993: 168-171）。

　　東猶的興起並未終止西猶在政治上的主宰地位，大部分國家政策制訂者仍然是西猶，而利庫黨的社會福利政策與與勞工黨相比較並沒有什麼不同。認定東猶是民族主義者、極端反阿拉伯人的想法也是錯的，東猶沒有意識型態，且是務實

的。東猶支持利庫黨是將之視為動員的工具，他們認為利庫黨比西猶左派更能與阿拉伯人和談（Smooha,1993: 168-171）。

許多猶太人在本地出生，因此東猶西猶之分愈來愈疏遠，一九九〇年代通婚的情況也有百分之二十（Arian, 1998: 32-37）。

以下幾個因素使得以色列得以在一九四八年到一九六七年這個階段應付其內部挑戰（Galnoor, 1993: 89-93）：

宗教團體：各個宗教團體聚集在三個宗教政黨上，民族宗教黨（NRP）和兩個非猶太復國主義的極端正統黨，它們與勞工黨達成政治協議，民族宗教黨成為聯合政府固定的成員，極端正統政黨的特殊利益可以被安排，結果，宗教政黨在政治體系獲得強化，得以控制宗教法案，宗教事務是菁英透過政黨結盟來完成，但這並未能免除由宗教政黨引起的聯盟危機。

族群團體：在這個階段，沒有族群組織，國會中也沒有直接的族群代表；移民者受到政黨或工會控制，政黨會象徵性任命一些人出任公職，並由政府部長處理移民吸納的問題，無此一來，分離出族群團體變得沒有正當性，於是，以色列的族群缺口被定義為暫時性的教育或經濟問題，政府傾向用個案來解決。

以色列阿拉伯人：在這個階段，既無自主的阿拉伯人組織，也沒有代表阿拉伯人的政黨，除了共產黨以外，阿拉伯人政黨附屬於受由待人空制的政黨。中央透過均政府控制阿拉伯人區域，一九六六年以前分離出Druze和Circassian兩個區域，不過，仍然承認阿拉伯人在宗教、語言、低層次的教育和地方政府進行自治，問題是被界定為安全議題，政策透過軍政府來執行。

以色列在上述三個領域主導了議題的方向，而且是透過政治過程加以處理，透過政黨爭取宗教利益被認為具有正

當性，同時也偽裝成包括族群和阿拉伯人利益，主要的目標是避免自治組織沿著族群或民族線（猶太人與阿拉伯人）發展，而這個目標幾乎達成了。中央化的政治本質使得以色列能採用籠絡（co-option）的手段而不是直接代表的方式，也就是說，阿拉伯人是被政黨指派或「選舉」產生的（Galnoor, 1993: 89-93）。

甚至，政黨還有助於減少社會分歧的影響力，特別是在危機時刻，掌權的政黨會把安全、外交和內政決策分離。

在這個階段，內政事務幾乎是由政黨主導，政黨不只是利益集結和表達，它們的行動還擴展到社會與經濟生活。以色列政治文化主要是被Mapai黨（勞工黨）所型塑，類似社會和政治體系之間的仲裁者（mediator），不過這並不能阻止政治體系的變遷。

在以色列，社會衝突常常上升到政治體系，遭遇激烈的政治化過程，可以被終止在社會、文化或經濟議題，可以這麼說，宗教信仰或吸納移民是在關心個人或社群，政治對這些議題的涉入必須降到最低，然而，一個新國家在建國的過程中，政治體系經常扮演中間的角色，成功與否就看政治體系滲透到社會結構和動員市民的程度，在以色列，國家具有主導的角色。

以色列政治體系對於解決深植的社會分裂能力甚為有限，例如，政治無法解決那些要求以猶太宗教律法建國的人或是主張政教分離的人，國家只能尋求折衷方案（Galnoor, 1993: 89-93）。

不過，政治體系的實際功能已經有所變化，這種變化被貼上輕視的標籤，包括：民主已死、對抗式（confrontational）政治、政治體系危機等等，最顯著的特徵是民眾普遍認為政治體系必須翻修，因為欠缺領導和果斷的決策，以色列面臨的問題包括：領土問題、經濟不穩定、新移民和巴勒斯坦

人暴動。

有些內部政治過程的變遷受到外部情境的影響。例如，一九六七年戰爭引發對於猶太復國主義目標與方法的辯論；關於西岸和加薩走廊的未來，以色列人的態度也是分岐的（Galnoor, 1993: 93-99）。

俄國移民

一九八〇年代末期，大量俄國猶太人的移入，使得以色列社會增加了世俗的比例。當一九八九年俄國猶太人到達以色列時，利庫黨以為他們為支持者，將可使勞工黨在未來都是反對黨，但事實上，至少有半數新移民支持勞工黨，讓勞工黨得到關鍵的四席。

俄國猶太人的到來引發以色列關於經濟政策的方向和本質的辯論，Pinchas Landau和Yitzhak Klein指出，政府主導的經濟欠缺效率、帶來蕭條，應該要讓貿易自由化、資本市場自由化、去除管制、勞工市場自由化和民營化，如果這些改革失敗，將會導致經濟衰退，並使得以色列現存的社會緊張更加惡化（Peters: 1-17）。

一九八〇年代流行「族群投票」一詞，事實上，勞工黨比利庫黨更具族群特徵，勞工黨的支持者當中，三分之二是西猶。東猶比西猶在宗教上更傳統，Begin擅長操弄宗教象徵和語言，許多人認為勞工黨是反宗教的（Arian, 1998: 213-222）。

為了吸收新移民所支付的預算，將會影響低收入者，俄羅斯移民者擁有較高的學歷以及專業技術，影響東猶進入相同職務的工作機會。（Smooha,1993: 175）而俄國猶太人的移入掩蓋了東猶的問題，一九九〇年住宅危機和租賃高漲，經濟面臨兼併的挑戰（Peters: 1-17）。

第四節　status quo原則

以色列建國以來主要的結構矛盾之處在於：政治制度與宗教制度之間的關係為何？也就是說，以色列的國家認同與宗教認同之間的關係為何（Doron & Kook, 1999: 67-84）？

正統派政黨並不認為自己是復國主義者，也不參與世界復國主義組織（WZO），為了確保他們的支持，以色列政府給予他們一些特權，例如就讀正統派學校的學生免服兵役、維持獨立的教育體系同時受政府的補助，但又不受教育部的管制（Arian, 1998: 114-136）。

在以色列，所謂政教分離並不意味著禁止國家直接支持宗教服務，大部分政黨都同意繼續給予宗教機構補助。當代的爭辯不在於政教分離，而在於國家對於宗教的支持應該到什麼程度（Hazan, 2000: 111-124）？

以色列宗教陣營可再區分為宗教復國主義政黨與宗教非復國主義政黨，前者的參與復國主義運動，其目標是建立猶太人的家園；後者則反對在彌賽亞（Messiah）來民之前建立猶太國。在國家建立過程中，宗教復國主以政黨與世俗復國主義政黨合作，建國後也參加國家機構，而非復國主義政黨則採取疏離的態度，爭取自主性，排斥國家機構（Hazan, 2000: 111-124）。

從宗教的角度來看，宗教與民族認同之間並沒有距離，一個人的猶太認同，就看他信仰虔誠的程度，而非族群起源，任何人的母親是猶太人，他就是猶太人，不論其信仰猶太教與否。對世俗派猶太人而言，認同是自由選擇的，是由意識決定的，無法外加，包括猶太法典（Arian, 1998: 114-136）。

宗教分離主義者不願與復國主義者接觸，他們認為復國主義會對宗教純正性構成威脅，他們也拒絕以色列國的正當

性。宗教政黨掌握的權力大於其實力，由於宗教政黨經常是第三大黨，因此常與兩大黨結盟，除了少數幾次例外，民族宗教黨總是執政聯盟的一員，不論是由勞工黨還是利庫黨組閣。

要理解正統派政黨的發展，就要注意族群緊張以及個人競爭這兩個面向，Agudat Israel黨是最古老的正統派政黨，由西猶拉比領導，一九八四年，東猶拉比Ovadia Yosef等人分裂出來成立夏斯黨，因為當年Agudat黨不願提名足夠的東猶候選人參選國會議員（Arian, 1998: 114-136）。

一九四七年六月，社會主義陣營向宗教非復國主義陣營伸出雙手，當時聯合國「巴勒斯坦問題特別委員會」即將開會，為了建國的目標，社會主義陣營向宗教非復國主義陣營寫信，允諾會尊重其對宗教領域的控制，也就是以status quo原則解決宗教問題，status quo原則允許依照政治權力消長調整各種措施，這對宗教世俗之間的緊張關係是一種務實的解決（Hazan, 2000: 114-120）。

在Yishuv時期，正統派團體採取反復國主義（anti-Zionist）的態度，拒絕國家法律的正當性。政治人物發展出status quo的概念，把宗教議題凍結在建國前的情況。國家給予正統派猶太教某些獨佔狀態，例如結婚和離婚，這限制了部分個人自由。

復國主義運動的基礎是世俗派、民族主義派。建國後，大量阿拉伯國家的猶太人湧入，全世界百分之十的西猶移入以色列，全世界三分之二的東猶移入以色列。本地出生的政治領導人認為自己是猶太人而不是東猶或西猶（Arian, 1998: 4-13）。

在宗教政黨中，最有意願與復國主義合作的是民族宗教黨，建國初期，民族宗教黨成為勞工黨「歷史的伙伴」。在建國前三十年，社會主義陣營與宗教復國主義政黨經常結盟，主

導的勞工黨經常邀請民族宗教黨（NRP）入閣，但後者其實是不需要的，不過仍然參與政府之中（Hazan, 2000: 114-120）。

　　社會主義世俗領導人想拉攏宗教復國主義以及宗教非復國主義者，社會主義與宗教復國主義的結合被稱為歷史的伙伴（historical partnership），此外，以色列還發展出一種雙元的教育機構，世俗的與宗教的。

　　宗教事務是由菁英透過政黨結盟加以解決。只要是勞工黨主政，歷史的伙伴民族宗教黨（NRP）就會參與內閣，雖然勞工黨有時候並不需要民族宗教黨的支持即可組閣（Hazan, 2000: 114-120）。

　　以色列之所以不採用憲法有其宗教上的理由，宗教陣營的反對是主因，宗教政黨對於憲法有所保留，因為憲法會界定人民是什麼，國家是什麼，而且由世俗派所提議的憲法無法表達出猶太人民的特徵，宗教政黨認為，猶太人被世人所知是透過聖經，而世俗憲法並不會強化這一點，反而會加以切斷（sever），只有猶太法典才能被國家所建立，也就是說，對宗教人士而言，成文憲法是多餘的。

　　status quo 意指衝突中立化、協和式安排。在建國前後，由於各方勢力瞭解對各種衝突議題的共識是不可得的，因此要把現狀凍結起來，宗教法律對於婚姻的規範依舊持續，Yishuv 的宗教機構以及教育制度也繼續維持（Cohen & Susser, 2000: 17-37）。

　　宗教基本教義派運動所贏得的權力被視為是對自由—世俗文化的威脅，世俗派對於以色列極端政統教派涉入政治感到焦慮，極端正統派會藉由參政牟取偏狹的經濟利益，許多年輕猶太人放棄世俗的生活方式，加入極端正統社群。（Friedman, 1993: 178）

　　正統派猶太教（Haredi Judaism）的發展來自於十九世紀後半期東歐猶太人的生存危機，現代化和世俗化的過程威

脅猶太人的傳統生活方式，許多年輕的猶太人從農村搬到城市，放棄了傳統信仰。伴隨著現代化而來的政治經濟危機使得世俗化不只是高層的議題，還具有宗教和意識型態的重要性，那是攸關猶太歷史和猶太認同的議題。

傳統猶太拉比和猶太復國主義之間的衝突最能反映出傳統猶太社會內部緊張的關係，對大部分傳統宗教權威來說，猶太復國主義是典型的所謂宗教政治異端（jargon），是對上帝的反抗（rebellion）。猶太復國主義追求在以色列的土地上建立一個有主權、現代化和世俗猶太社會，作為歷史進程的聖地，它的宗教宇宙概念（religious-cosmological）被忽略了，這些概念包括流散、救贖等等。甚至，猶太復國主義被視為是一個世俗運動，一個質疑傳統猶太認同的世俗運動（Friedman,1993: 179-183）。

建國之初，Agudat Israel黨是Yeshivot和Kollels的代表，從政治環境爭取生存和發展所需要的資源。結果，世俗猶太人和民意認為，威脅猶太人未來發展最嚴重的問題不是反閃主義（anti-semitism），也不是肉體威脅，而是同化（assimilation）。強化西方猶太年輕人的猶太意識被認為是復國主義和以色列國最重要的事，從這個角度來看，極端正統派的傳統猶太認同、抗拒同化與通婚，被視為是一種疏離的表現。

在正統教徒眼中，世俗的復國主義者並未能在以色列的土地上建立理想的社會，因此，正統社會是以色列世俗社會和西方文化的另一個選擇。世俗社會高昇的犯罪率、吸毒、家長與子女的疏離等等，讓非正統教徒認為正統社會是個楷模，他們的社會安全、相互關注、照顧弱勢、井然有序的法律秩序、家庭生活穩定等等（Friedman,1993: 184-190）。

但是，Agudat Israel黨內部也產生危機，該黨的角色是透過參與政府聯盟以確保自身的存續，這些政治資源引爆內部東歐猶太人的鬥爭，Agudat Israel黨的國會議員代表各個不同

的傳統派團體競爭這筆特別預算，而不是站在整體正統派的
立場。

　　東猶Yeshiva和Kollel學生發現這個社會並不準備平等看待
他們，例如，西猶正統教徒與東猶結婚，西猶那一方會覺得
族群受到污染（blemish），東猶也注意到，在正統學校，有
一股把東西猶隔離的趨勢，把東猶派去較不具名聲的職業課
程（Friedman,1993: 190-199）。

　　政治和解並不受限於宗教領域，族群分岐在公共資源和
政府職位的分配上也扮演重要的角色。然而，協合模式傾向
於使用廣泛的調和態度處理宗教議題，status quo原則的用意載
於避免做出清楚的決策，特別是牽涉到國會立法過程時，在
以色列，政教關係仍是爭議的中心。這可以用宗教衝突的本
質來解釋，這牽涉到基本的價值和信念，因此很難透過單方
決策來解決（Don-yehiya, 2000: 99）。

　　以色列最高法院有時候會介入宗教事務中，這對於政治
對宗教的影響扮演中立的角色，但有時候法院的介入卻成為
爭議的來源，因為以色列沒有成文憲法可依靠，也沒有公認
的法律規範。在美國，宗教爭議被視為是個人事務，而以色
列人則認為宗教是國民生活的一部份，不屬於私領域，故在以
色列政教分離是不被同意的（Don-yehiya, 2000: 103-105）。

　　宗教復國主義政黨與世俗復國主義政黨的合作帶來溫和
與務實的立場，而非復國主義政黨則帶來極端以及不和解的
宗教立場，形成極端正統派，他們希望生活各層面皆需完全
順服於宗教教義。宗教復國主義政黨總是參與選舉並且加入
聯合內閣中，以便藉此得利；宗教非復國主義政黨雖也參與
選舉，也會爭取補助以及影響政策決定，但是他們會避免成
為世俗政府當中的一員。

　　西歐國家的宗教政黨是要防衛自身的宗教，以色列宗教
政黨則是要不斷發展擴充。在以色列建國後近五十年來，宗

教世俗的分歧依舊維持著，而宗教社群的成功，更強化了這條分歧，結果，兩個陣營的人們愈來愈疏離。社會經濟分歧則隨著時間而減少。和解（accommodation）的傳統是由兩大陣營（社會主義與宗教陣營）的菁英所發展，為了內部鞏固的需要，兩個陣營的菁英必須以大聯合的方式合作，以正當化當局。

以色列的相互否決權是透過status quo原則展現出來，這使得各陣營在遇到爭議性議題時得以避開危機，status quo原則使得以色列沒有成文憲法，雙方不能強制要求另一方接受。猶太國的正當性來源有二，一是普遍主權，另一則是神學原則，宗教政黨反對制訂憲法，因為這樣會讓宗教在以色列所扮演的特殊角色消失（Hazan, 2000: 114-120）。

在以色列建國前，比例原則除了應用在選舉制度上，也用在分配部長的職位、財政資源等等，這種比例原則在以色列被稱為party key，依照個政黨的相對實力來分配公共財，除了選舉制度，公共資源的配置也是按照該原則來分配（Hazan, 2000: 114-120）。

在一黨主導時期，關於「沒有宗教小黨就無法順利組閣，就算組閣也不能運作」的說法受到質疑，這個說法適用於一九七〇年代末期開始的兩陣營時期（Cohen & Susser, 2000: 17-37）。

status quo原則並未能改變社會分歧的情況，只是避免這些分歧進入立法程序。許多世俗猶太人擔心宗教團體漸增的社會和政治影響力，世俗與宗教猶太人彼此憎惡的因素是正統派學生免服兵役，其次則是正統派分享了許多公共資源，卻仍然得以免除以色列人認為最重要的義務：服兵役（Don-yehiya, 2000: 89-93）。

以色列第一次內閣危機發生在一九五〇年早期，是有關新移民兒童的宗教教育議題，政治菁英的解決之道是建立兩

套教育體系：宗教與世俗教育體系。一九五〇年年底，國會以四十九票對四十二票通過支持宗教政黨的訴求，這對總理Ben-Gurion是一大羞辱，他隨即辭職並在一九五一年七月進行改選，他也因此瞭解建立國家教育體系的重要，並且深感應該要從事選制改革，以免內閣成員的倒戈（Arian, 1998: 240-250; Freedman, 1989: 407）。

　　第二次危機發生在一九五八年七月，兩位民族宗教黨黨籍的部長辭職，因為內政部的一項訓令：「任何猶太人只要宣稱他有良好的信仰，不需其他額外的證明，即可註冊為猶太人。」這觸怒了宗教界人士，而「誰是猶太人？」的議題傳統上是宗教的領域。因此，真實的議題並不是「誰是猶太人？」，而是「誰有權決定誰是猶太人？」而最顯著的政治效果即是，從一九五九年到一九八〇年代晚期，負責公民註冊的內政部長都是由NRP來擔任。

　　第三次危機發生在一九七〇年一月，最高法院宣布，一個人宣稱他是猶太人即已足夠，不需其他證明，Golda Meir政府隨即修改回歸法，把猶太人定義為：「一個人的母親是猶太人。」表面上這是宗教勢力的勝利，但問題仍然在於誰有資格認定誰是猶太人？對宗教領導人而言，若由非正統派拉比來認定則應該無效（Arian, 1998: 240-250）。

　　一九七六年，勞工黨總理拉賓與其聯盟伙伴NRP發生衝突，由於來訪的美國F-16戰鬥機遲到，以色列的歡迎慶典也跟著延遲，導致政府官員無法在週五日落前回到家中，那是安息日（Sabbath）的開始（Freedman, 1989: 407）。

　　在建國之際，政治領導人（多半兼具社會主義及世俗成分）希望把宗教團體納進來一起支持建國，所付出的代價便是聯合內閣，宗教團體幾乎控制了個人生活的所有面向，包括從婚姻到葬禮皆然。而為了不讓正統派宗教團體感到在世俗國家的疏離，世俗的公民權威承認宗教的道德規範，但正

統派僅佔人口的百分之二十，故這是引起社會衝突的原因之一（Hazan, 2000: 111-124）。

誰是猶太人？

以色列並非政教合一的國家，雖然公民的確認是由內政部當中的宗教官僚來進行。國會議員仰賴宗教政黨以維繫政治生命，對相關議題小心翼翼，但最高法院要求對一九七○年三月十日的回歸法（Law of Return）做出修正，猶太人不見得在世，也不一定與以色列有所關連，只要他的媽媽是猶太人，或是由拉比認可他已改信猶太教，並且沒有信仰其他宗教，則他就是猶太人。

這項修正使得所有猶太教拉比（rabbis）都可以對公民權進行驗證，打破了由正統派拉比所獨佔的權力，為此，Agudat Israel黨要求再度修法，他們主張必須由正統派拉比驗證某人是否遵守正統派傳統，因為正統派拉比認為，其他派別的拉比背棄了猶太律法。但這項修法提議並未獲得總理比金（Begin）的支持，因為他需要美國太人的支持，而多數美國猶太人並非正統派信徒，「誰是猶太人？」的爭議也延續至一九八八年選後的組閣協商過程中（Freedman, 1989: 409）。

所謂status quo原則是指中立化有爭議的議題，避免對該事務做出決策，一個主要的例子是以色列宗教法庭的自主性，在許多案例中，status quo原則被應用在世俗與宗教領導人之間的協商中。不過，有時候status quo原則反成了爭議的來源，許多宗教和世俗團體宣稱對方企圖加以侵犯，例如安息日的電視廣播和「誰是猶太人？」的議題（Don-yehiya, 2000: 85-89）。

雖然有低於五分之一的人口在全國選舉時支持正統派政黨，低於三分一的人口嚴格遵守宗教戒律，但猶太教首席拉比的決策仍會對所有人口造成影響，特別是移民和公民資格

的部分，世俗派挑戰宗教對個人狀態的權威（Peretz & Doron,
1998: 212-230）。

一九五八年，由於宗教社群的抗議，總理Ben-Gurion做出
一個出乎意料之外的決策，他決定組一個委員會討論「誰是
猶太人？」的問題，由五十位猶太學者與宗教領導人所組成，
政府保證會遵守該委員會的決議。在四十五人出席，三十七
人贊成採用正統派的定義（Cohen & Susser, 2000: 17-37）。

此外，以色列給予宗教學校處理自己事務的自主性，政
府僅給予補助，不干涉其他事務。而有關「誰是猶太人？」
的爭議則交由相互否決權原則來解決 （Don-yehiya, 2000:
85-89）。

有各種問題，包括：猶太人改信其他宗教，但不想成為
以色列公民、媽媽是異教徒，但爸爸是猶太人、異教徒娶了
猶太人，並且想成為以色列公民……這些議題都不在法律的
規範中，根據正統派的律法，只有媽媽是猶太人或是由拉比
確認者方為猶太人，其他的都不算是猶太人（Freedman, 1989:
409）。

正統派猶太教（Orthodox Judaism）是當代現象，是猶太
人對於西方化、世俗化的反動。有些正統派人士忠於自己理
解的status quo：不與那些自稱啟蒙的異端妥協，他們認為猶太
教的歷史比西方式民化的歷史還長，那些現代化的需求必須
被拒絕。而新傳統正統派（Neo-traditional Orthodox）猶太人
對非猶太事務採取疏離的態度。比較起來，現代正統派則對
當代世界採取比較正面、妥協的態度，不過他們仍忠誠於猶
太法典，只是疏離並不被視為是美德（Cohen & Susser, 2000:
1-16）。

對正統派而言，新的敵人是現代派、是猶太民族主義
者、是復國主義者，雖然有一小部分復國主義者是宗教派，
但是大部分復國主義者傾向現代化、世俗化。

Yishuv機構什麼都是但絕非主權或權威，主要是基於自願性成員組成。以色列的宗教社群是少數，大約佔人口數的五分之一，在勞工黨主政時期，宗教陣營在聯合內閣的角色不像現在具有關鍵性。宗教與世俗在許多議題上有所爭議，從宗教學生免服兵役到「誰是猶太人？」精力充沛（energetic）的宗教否決權凌駕世俗多數的偏好（Cohen & Susser, 2000: 1-16）。

猶太教包含龐大的指引，指導著私人與公眾生活的行為準則，因此，以色列有些獨特的爭議，例如：「誰是猶太人？」以及安息日的戒律；六日戰爭結束後，宗教事務也開始涉入外交與國防議題，特別是以阿衝突、佔領區以及和平進程等議題（Don-yehiya, 2000: 100-102）

宗教學校

以色列有一股反世俗化的勢力，這一點與西歐國家的經驗不同，這是因為以色列宗教在政治體系的角色不同所致，更重要的是，以色列採取和平共存的手段處理宗教與政治之間的問題。

宗教與世俗分岐最顯著的爭議出在教育體系，根據自主原則，以色列共有三套教育體系，其中兩個是國家教育體系，分別是世俗和宗教體系（宗教復國主義），第三個則是由國家補助的獨立宗教學校體系，供宗教非復國主義者使用。另外，法院也有兩套系統。而神學院學生免服兵役也成為爭議的議題（Hazan, 2000: 114-120）。

教育的重要性可以在兩個層次被發現，一個是實際面的壓力，要去提振學校體系和改善教育標準，資源必須被分配到去興建更多的教室，增加教學天數，使教學更具投資報酬率。當時教師的低收入，使得學校鼓勵家長讓學生從事非正式的「灰色教育」。第二個層次在於內容本身，哪些內容應

該被包含進來？普世價值和猶太歷史孰輕孰重？這些內容應給如何被教導（Peters: 1-17）？

宗教政黨是這些制度安排的主要獲利者，他們對宗教議題享有否決權，並且有高度自主性，宗教政黨的入閣，特別是民族宗教黨，是使以色列不是最小獲勝內閣的主因（Hazan, 2000: 114-120）。

猶太教暴露在現代文化中，令正統派信徒害怕引發對於傳統宗教權威的拒絕，以及加速被同化的過程，導致宗教領導人反對任何針對年輕一代的教育所做的變革，原本的教育制度只有宗教成分，學習猶太法典（Talmud）及其註解。但是世界變遷迅速，年輕人可以輕易地接觸外界的訊息，不一定接受宗教拉比傳授的傳統知識，因此必須採取新的方法來處理這些挑戰，這個方法便是Yeshivot。

Yeshivot在建國前即已存在，是一種「學者的社會（society of scholar）」，Yeshivot在挑選學生時非常小心，必須是未婚的年輕人，十五歲至二十四歲，唯一的任務是奉獻他的時間學習猶太法典及其註解，此外，學生一年只能回家兩趟，也就是說，Yeshivot是類似修道院之類的機構。Yeshivot培育出對猶太法典有所研究的學者，成為猶太人的精神指引，創造出一個新的菁英宗教領導人，吸引了更多追隨者（Friedman,1993: 179-183）。

在以色列建國前，極端正統派確信世俗的猶太國家將會拒絕他們以自己的方式教育小孩，Yeshivot會被迫關閉，不過，他們擔憂的事情並未發生，因為以色列建國後成為一個西式的福利國，理想的經濟和社會條件讓極端正統教派的教育機構非常繁盛，國家財政幾乎補助所有的基礎教育和健康保險，那些因為疾病或年老爾必須靠小孩撫養的人，可以領取養老金（pension）；政府對住宅的投資讓家長得以配置資源讓小孩受更好的教育。這些使得極端正統教派不再是少數，

而是多數，讓自己高於社會，避免他們的生活方式被剝奪，他們也瞭解，在民主國家，一個決定性的少數有權阻止政府通過威脅其偏狹利益的法律，例如一九五三年阻止政府通過一項要求全國婦女皆須服役的法律（Friedman,1993: 184-190）。

Agudat Israel黨於建國後加入聯合內閣，並且在結盟協議中獲得承諾，Agudat Israel得建立分離的教育體系，在義務教育法的範圍內由政府補助，這使得Agudat Israel擁有歷史上第一個自己的完整的教育體系，並且幾乎完全接受公家補助，這讓該體系得以擴充並且滲透到各個團體，包括從阿拉伯國家來的新移民；該體系也提供教職，讓極端正統教派女性扮演重要的角色，免除Yeshivot學生服兵役的義務讓他們得以進行封閉的、未受妨礙的社會化過程。

到了一九六〇年代，所有極端正統派的男孩都成為Yeshivot的學生，當他們結婚後，便到Kollels繼續學習，極端正統派的社會整個變成一個學者的社會。如此一來，Yeshivot的學生無法融入世俗的社會（Friedman,1993: 184-190）。

東猶和西猶有不同的宗教和傳統，例如雙方有各自的首席拉比。傳統東猶也是信仰正統教派，但是他們覺得正統派都是西猶。雖然東猶和西猶在經濟和教育有落差，但是從一九六〇年代後半期開始，東猶的政治待遇逐漸改善，不過卻很難調整經濟和教育的實際落差。一九七七年，Agudat Israel黨加入Begin聯合內閣後，正統派獲得政府特別預算，使得學者的社會得以擴充其實力。

一九九〇年內閣危機時，Yosef反對支持勞工黨，但是Schach事先未與Yosef協商便自行與培瑞茲會談，並要求Yosef接受，Yosef不願受此羞辱。Yosef與Schach之爭並非個人的，那是兩個傳統東猶拉比之爭，Yosef是典型（typical）的代表，而正統學者社會中，Schach是傑出的例子（Friedman,1993: 190-199）。

　　Yeshiva和Kollel學生愈來愈多，為了擴充正統派機構，正統派政治人物爭取政府預算的壓力也愈來愈大，這也使以色列政壇對正統派充滿敵意，要求免受正統派政黨影響的呼聲在政壇興起，免除正統派學生服兵役的義務也使社會對其增加敵意。正統派的高生育率反而不利於維繫其學者社會。（Friedman,1993: 200）

　　在Yishuv時期，建國社會主義（Zionist socialism）包含了諸多價值與符號，企圖取代傳統猶太教，以做為猶太人團結與鞏固的來源。這種俗民宗教（civil religion）變成復國勞工運動的基礎，他在各領域發展制度網絡，特別是教育和文化領域，勞工運動宣稱其教育機構應該享有與宗教體系一樣的自主性和資源分配，然而，這並不能避免勞工運動陣營與宗教陣營在動員學生方面的競爭。（Don-yehiya, 2000: 99）

　　在Yishuv時期，教育活動分成三個主流：工人主流，由社會主義陣營贊助；一般主流，由非宗教亦非社會主義陣營的復國主義者組成；民族宗教主流，由宗教與復國主義者組成。另外，正統派社群有自己的教育機構運作。這些非正式的安排在一九四九年通過的義務教育法中得到法律的確認（Cohen & Susser, 2000: 17-37）。

　　來自中東與北非的新移民為數眾多，各菁英開始從事控制這些潛在選民的社會化過程，特別是年經一代的教育工作，各陣營使出渾身解數說服年輕人加入自己的教育系統中。

　　以色列宗教根殖在某些國家象徵中，包括國旗和定假日都有宗教色彩。以色列教育體系有三種選擇，分別是國家補助並經營的世俗和正統體系，或是私人經營但由國家補助的極端正統體系（Neuberger, 2000: 77-82）。在以色列，由國家補助宗教機構並非例外，用途包括建築物、教堂、神職人員的薪資等等。

　　所有宗教政黨都會強調其在教育領域的成就，民族宗教

黨強調國立宗教學校、yeshiva高中、以及Hesder yesivot，結合了宗教教育與兵役制度。所有宗教政黨皆強調其教育制度，而所能獲得政府補助的程度端視該政黨的政治實力（Don-Yehiya，1998: 81-97）。

免服兵役

利庫黨於一九七七年掌權後，總理Menachem Begin等待Agudat Israel黨加入執政聯盟，二十四小時以後，Begin同意免除Yeshivot學生和婦女服兵役的義務，以及增加正統教派機構的預算；最重要的是，Begin是第一個在公開場合使用正統教徒語言的總理，他以「以色列領土（Land of Israel）」取代左派世俗猶太人的「以色列國（State of Israel）」，他使用的語彙彷彿他也是正統教徒一般，雖然他不是，但是卻深受正統教徒的支持，正統教徒首度覺得政府像是自己家人一般，而不是陌生人；愈來愈多部長和右翼政治人物開始表達對正統社會的認可，正統教徒變成政治的中心（Friedman,1993: 184-190）。

對大部分以色列人而言，正統教徒是外來的（exotic），而由於正統教徒的免除兵役、要求更多的資源等等，引起大部分以色列人的不滿。這種不滿多半來自建制較好的階層，那些較貧窮的、低度發展的階層的東猶則比較沒有敵意（Friedman,1993: 184-190）。

今日，有百分之七的「役男」免服兵役。從正統派的角度來看，Yishiva的獨特特徵是確保猶太人繁榮的關鍵，為免服兵役的正當性辯護，他們認為Yishiva不只是學校，而是一種社會化的全面性架構，重點不在於學生知道什麼，而在於學生是什麼。不願意服役顯示出對復國主義的敵意。但現在，Yishiva世界已不再是遺跡（remnant），Yishiva的學生比猶太歷史上任何一個時期都來得多，同時，也不能再用結盟

的理由免服兵役，Agudat Israel於一九五二年離開內閣（Cohen & Susser, 2000: 17-37）。

免服兵役是一條不可跨越的紅線，正統派學生仍免服兵役。比起來，民族宗教社群是服兵役為義務，甚至是宗教義務，研習法典仍被視為最具優先性，為了綜合這兩種責任，於是在軍中開設法典研習課程（Cohen & Susser, 2000: 17-37）。

正統派社會的教育制度獨立於國家干涉之外，從小學到學院，這個發展使得極端正統派進入一種「學習型社會」（learning society），這有賴物質條件的支持，國家的補助，而免服兵役更讓年輕一輩有強烈的動機加入或留在這個學習型社會。

愈來愈多宗教復國主義者的西猶中產階級青年入伍服役，軍方同意這些年輕人可以撥出部分時間研習宗教課程；另外，他們還建立起宗教屯墾社會，名為Judea and Samaria。屯墾社會結合了家庭、社群、學校和年輕運動，並且有一個分離的受國家補助的國立宗教教育體系，目前約有二十五萬名學生，從小學到學院，還有大學（Bar Ilan），以確保民族宗教的次文化能代代相傳，而民族宗教黨是本文化的代表（Kimmerling, 1999: 27-44）。

宗教節日

大浩劫使得東歐猶太人更加支持傳統建制與習俗，這些態度反映在幾個面向：首先，由Ben-Gurion所領導的社會主義的猶太復國主義者，覺得對傳統猶太教徒有罪，應該保護猶太傳統，因此，Ben-Gurion免除Yeshivot學生服兵役的義務；其次，在大浩劫之後，美國猶太人希望能為Yeshivot和傳統猶太機構做出貢獻，製作紀念碑供人憑弔，於是，大量的資源湧進Yeshivot，使其擁有經濟基礎發展學者的極端正統社會；再者，以色列人開始探究浩劫的歷史，指出極端正統派是屠

殺者的羔羊，從一九六〇年代開始，極端正統猶太人被確認是可怕遭遇的受難者（victims）（Friedman,1993: 190-199）。

以色列有宗教自由（freedom of religion），卻沒有免於宗教的自由（freedom from religion），根據法律，以色列人在結婚與離婚事務上必須從屬於宗教的權威，採用宗教儀式舉辦婚禮（Neuberger, 2000: 77-82）。另一個侵犯基本自由的規定是，法律不允許不同宗教者結婚，除非其中一方轉變。只有男人可以離婚後再結婚。（Neuberger, 2000: 77-82）

以色列自我定義為猶太國，是猶太歷史與文化的中心，這使得許多猶太人很難將以色列視作完全的世俗國，捨去諸多附屬於猶太教的傳統。許多人遵守宗教儀軌，同時也認為宗教應該影響國家的公眾生活。

在政教關係的領域，宗教政黨並未把自身定位在防禦性的角色，他們要確保宗教傳統會在形塑以色列社會時扮演重要的角色。（Don-yehiya, 2000: 100-102）

安息日（Sabbath）義務在英國託管時期已經是熱烈討論的議題，也有許多妥協性措施，這些措施成為status quo的基礎。在安息日期間，國家機構必須遵守戒律，公眾運輸系統必須停止，除了Haifa和Eilat兩地除外，因為當地的宗教派較少。一九五一年通過工時與假日法，規定勞工部長有權決定在假日上班，如果他認為停工有害於經濟的話（Cohen & Susser, 2000: 17-37）。

以色列宗教政黨與以色列的宗教、社會、文化、政治和經濟生活相互滲透，他們的成員傾向住在宗教區，送他們的小孩去念宗教學校，閱讀宗教政黨的報紙和期刊，一同享受休閒時光，一起投票，組織提供住宅、學校甚至食物，有些社會主意團體也存在這種相互滲透的現象，特別是在集體農場（Arian, 1998: 213-222）。

分離的社群也反映在服飾上，若有人戴者帽子表示他是

宗教支持者。在投票決策上，族群與宗教因素具有強烈的相關性。一九七七年，許多勞工黨支持者摘持其他政黨，其中東猶選民支持利庫黨，西猶選民支持DMC，這使得利庫黨得以在一九七七年掌權，在一九八一年和一九八四年選舉中，許多西猶選票流回勞工黨（Arian, 1998: 213-222）。

　　宗教政黨最能展現出其爭取利益的現象，民族宗教黨是復國主義政黨，而夏斯和Agudat Israel是非復國主義政黨，他們的主要意識型態是認為大眾生活皆應該按照猶太教律法hala-cha來行事，就某部分而言他們是成功的，他們將成功地創造出猶太國，並且遵循某些正統派的律則，他們主要是透過選舉與結盟政治的遊戲來達成這些目標（Arian, 1998: 311-315）。

　　宗教是以色列政治的中心議題，衝突的焦點在於究竟應該遵循正統派律法到什麼程度？國會曾經通過幾個相關的法案：一、一九五〇年回歸法確認每個猶太人回歸以色列的權利；二、公民法（Law of Citizenship）確保每個猶太人及其子女的公民權；三、一九五三年法律建立正統派拉比法院，用來處理猶太人之間的結婚與離婚事宜；四、一九五一年法律規定安息日（Sabbath）是猶太人的官方假日；五、一九六二年法律禁止加工處理豬隻，除非當地是基督徒聚集的區域；六、一九八六年法律禁止猶太人在逾越節食販售發酵的食品；七、一九九〇年法律允許地方政府管制當地娛樂事業（電影院和戲院等）能否在安息日或其他宗教節日時營業（Arian, 1998: 311-315）。

　　一九八四年以後，宗教─世俗的衝突有暴力化的傾向，例如，在安息日的時候，耶路撒冷地區的正統派民眾會向開車經過當地的車輛丟擲石塊。一九八六年，一群極端正統派群眾破壞一幅公車廣告，焚燒公車保險桿，因為該廣告上面是一名穿著泳裝的婦女。到了一九八八年，最高法院不理會耶路撒冷正統派民眾的抗議，仍然裁定由世俗派猶太人所開設

的四家電影院，在星期五晚間可以繼續營業（Freedman, 1989: 410）。

對正統派猶太人而言，宗教與民族是同一回事。所有宗教政黨皆支持公眾生活應遵循猶太教律法運作，其他政黨則採用世俗派主張或是不表示意見，但是反宗教政黨尚未出現，在以色列，提倡宗教是正當的，但是提倡反宗教則是不正當的。

政教分離並未受到廣泛支持，首先，宗教政黨從一九三〇年代開始已經是聯盟的一員，其次，大部分以色列人也支持以色列應該是猶太國，第三則是出自習慣，對許多以色列人而言，過這種生活方式是很自然的，包括結婚生子、安息日等等，最後，政教分離的訴求對猶太歷史而言是外來的（foreign），把宗教視為個人事務多半出現在基督教脈絡的國家。

國會並未給予宗教法院在處理其他宗教時較高的地位，但是給予正統派宗教法院處理猶太人的結婚離婚事宜時較高的地位，一九五三年通過的法律給予拉比法庭對於猶太人結婚離婚事務完整的判決權利，不論他們是否是以色列人。註冊業務是由內政部掌握，對宗教陣營來說，控制內政部非常重要（Arian, 1998: 311-315）。

幾乎所有世俗政黨都會強調宗教自由與公民權利的重要性，宗教政黨則強調依照宗教律法來行動的重要性（Arian, 1998: 353）。

大部分的民族宗教黨國會議員支持總理直選，他們假設自己的黨將從直選案中獲利，那些關心宗教利益的選民將會把選票投給宗教政黨，夏斯黨也分享該觀點，在國會投票時並未投反對票，使直選案過關（Don-Yehiya , 1998: 81-97）。

一九八八年選後，同樣的爭議再起，由於宗教政黨在夏米爾組閣中辦扮演關鍵性的位置，他們要求實質修改回歸

法，夏米爾遂邀請勞工黨組全民政府（Peretz & Doron, 1998: 212-230）。

一九八八年選後，宗教政黨領導人向總理夏米爾施壓，要求他修改回歸法，俾有利於正統派，以做為入閣的交換條件，但此舉會破壞以色列人與流散的猶太人之間的關係，夏米爾決定組全民政府以應付此一情況。

勞工黨長期掌握教育部，因為他們認為教育是未來公民和選民社會化的工具，但利庫黨並不這麼認為，當利庫黨於一九七七年和一九九〇年執政時，把這個位置給了民族宗教黨（Peretz & Doron, 1998: 212-230）。

採用總理直選的主要動機是為了減少小黨的政治權力，其次是減少宗教政黨的政治權力，這是假設宗教政黨過去在組閣過程中所處的平衡位置，他們預期宗教政黨將在兩票制之下失去這個位置，因為他們無法影響由誰組閣。

同時，改革派也認為宗教政黨的選票會減少，因為選民不會分裂投票，他們預期大黨的總理候選人參選也同時有利於該黨的議員選票，正統派政黨也擔心選票會因而流失。

第三章　選制改革的情境條件與行為者

　　本書認為，促成以色列一九九二年選制改革的情境條件與行為者是：八〇年代兩次全民政府、一九九〇年內閣危機以及群眾抗議、勞工黨的領導權之爭、利庫黨對直選案的意見紛歧、世俗小黨支持選制改革以及一九九二年選舉在即。

第一節　八〇年代兩次全民政府

　　以色列兩大黨曾在八〇年代組成兩次全民政府，原本有機會藉此推動選制改革，然而，兩大黨都不願意發動實質的修法程序，因為雙方都想在任期屆滿，下屆國會改選後，自行與小黨籌組聯合內閣，如果某大黨先發動改革，勢必影響自己與小黨在下屆選後合作的機會，就在這種考量下，雖然八〇年代有兩次全民政府，卻未能對選制做出任何變動。

　　建國後的第一階段，選舉結果是穩定的，民族宗教黨代表民族宗教陣營，Agudat Israel則是正統派的代表，民族宗教黨大約有十至十二席議員席次，佔宗教陣營三分之二，正統派約有六席，也就是三分之一。Agudat Israel黨仍然是反對黨並且享有協和式安排的果實，例如國家補助教育體系以及免服兵役。民族宗教黨則一直是聯盟成員，有關宗教的協和安排多半出自勞工黨與民族宗教黨之手，民族宗教社群對於當代社會基本上採取現代與開放的態度，正統派社群則是高度疏離，並且對那些不會影響到自己生活的政府政策毫不關心（Cohen & Susser, 2000: 38-72）。

　　一九六五年至一九六七年之間，以色列經濟衰退，失業率為百分之十，弱化了勞工黨的地位（Peretz & Doron, 1998: 70-115）。從一九六七年起，國防工業成為中心工業，一九八〇年代，國防工業雇用了百分之二十五的勞動力，百分之二十八的出口額（Maman, 1999: 87-102）。

　　在一黨主導時期，選舉競爭並不緊張，焦點通常擺在選後有哪些政黨加入勞工黨內閣中。一九七七年大選期間，利庫黨責怪勞工黨的經濟政策，導致以色列的通貨膨脹成為世界第一高，利庫黨表示，將把通膨率降至百分之十五，GNP提高百分之四十，國營和Histadrut企業出售給民間部門，出售國有土地等等（Cohen & Susser, 2000: 38-72）。

　　一九七七年以前的內閣是由勞工黨及其聯盟掌權，在一九六〇至一九六六年之間，政府支出（spenditure）佔國民生產毛額37%，一九七三到一九八四佔76%，一九八五到一九八八年佔66%，一九九〇年至一九九二年，投資增加、通膨降低 、商業信心增加，特拉維夫股票市場亦然（Yitzhak Klein, 1993: 44-50）。

　　利庫黨於一九七七年上台，這是建國以來勞工運動首度受挫，一黨主導體系轉變為兩大集團平衡體系，有下列幾點特徵：首先，兩大黨的選舉結果膠著；其次，小黨派清楚地只認同其中一個大黨，不加入另一個大黨的聯盟，利庫黨陣營有Tehiya、Tzomet、Moledat和民族宗教黨，而勞工黨陣營有Meretz和阿拉伯政黨；第三，正統派政黨，特別是夏斯黨，雖然在意識型態上與利庫黨較接近，卻仍然可以與其他大黨合作；第四，雖然小黨數目增加，但兩大陣營的數目仍趨於平衡（Cohen & Susser, 2000: 38-72）。

　　一九七七年以後，利庫黨變成最大黨，但是它比勞工黨更難順利組閣，一九八一年至一九九二年之間，以色列政治體制走向雙元化，兩大集團的國會席次相當（Doron & Harris,2000: 71-89）。

　　Agudat Israel黨於一九七七年入閣後，民族宗教黨不再是內閣中唯一的宗教政黨，民族宗教黨的席次從一九八一年開始滑落至只有六席，而夏斯黨的興起更取代了民族宗教黨在國會中宗教陣營的代表，現在，正統派握有三分之二宗教陣營席次，民族宗教黨則有三分之一（Cohen & Susser, 2000: 38-72）。

　　利庫黨總理Menahen Begin的成功來自歷史的印象、黨內沒有對手以及他在一九七七年意外擊敗勞工黨，一九八一年政治體系分成兩大陣營，沒有一方能贏得超過百分之四十的選票，到了一九八四年政黨體系更成為多極體系，小黨各自在意識型態上認同兩大陣營，一九八八年大黨衰退，小黨們在選擇結盟對象上更有彈性，兩大黨黨內分岐，領導人亦受制於黨內反對派無法宣稱自己受到全黨支持（Elazar & Sandler 1992: 297-299）。Begin的主要成就在於外交政策領域，一九七九年與埃及簽訂和平協議，因而贏得諾貝爾和平獎（Peretz & Doron, 1998: 244-268）。

　　一九八一年選後，利庫黨對於經濟似乎失去控制，一九八二年入侵黎巴嫩更增添經濟壓力，一九八四年，通貨膨脹率是百分之四百四十五，有幾個月份更高達百分之一千，脫軌的通貨膨脹使得國家計畫成為不可能的事，商業經理人無法評估投資未來的價值，也就無法決定現有的服務與貨品的價值。

　　一九八四年的選舉結果看不出來提供什麼選擇，只好組成全民政府；但是第二次全民政府欠缺基本要素，夏米爾還必須面對黨內受迫害的部長以及黨外左翼陣營的攻擊。一九九〇年內閣危機更暴露出夏斯黨和Agudat Israel黨是執政聯盟內部的反對派（Elazar & Sandler 1992: 297-299）。

　　一九八四年，宗教政黨拒絕入閣，迫使培瑞茲的勞工黨

必須與利庫黨共組全民政府，與夏米爾分享總理任期（Elazar & Sandler, 1998: 12-24）。

在組閣過程中，許多議員發現自己是組閣與否的關鍵，他們會為了自己的政治前途勒索政黨，宗教政黨要求公共基金的補助，完全不顧公共責任，政府因而陷入僵局之中，無法做出決策。（Elazar & Sandler 1992: 297-299）

在諸多政黨的支持下，以色列於一九八○年代推動國營企業民營化政策，政府出脫手中的持股，例如以色列化學集團（ICG）控制了所有礦物資源，政府出售百分之四十一的股權給Eizenberg集團，其他還有建築公司等等，民營化政策使得經濟集團扮演中心角色（Maman, 1999: 87-102）。

一九八四年的重建計畫是在全民政府架構下，由總理培瑞茲以及財政部長Itzhak Modai主導，這份計畫包含幾個成分：首先，從美國那裡得到信用貸款；其次，透過法律凍結所有物價與薪資，不得任意變動；最後、減少部長們所能動用的私人經費（Peretz & Doron, 1998: 150-169）。一九八五年穩定計畫（Stabilization Plan）的目標是減少通貨膨脹，把經濟回到正常的水準，全民政府所採用的方法是縮減政府預算，大幅削減國防預算（Maman, 1999: 87-102）。

到了一九八六年，通貨膨脹率已經降到百分之二十，接下來的五年都維持在百分之十六到百分之二十之間，一九九二年勞工黨掌權時，通膨率已降至百分之九點四。

能在這麼短的期間內削減通貨膨脹而不引起民眾騷動，是因為以色列高度中央化的經濟結構所致，這使得政府的管制活動變得容易。政府與Histadrut共雇用了全國約半數勞動者，農業生產受到聯合會（cartel）的管理，三家主要銀行的金融活動也受到管理，且基本上是國營的；有些公司在市場上具有獨佔的位置，醫療服務也是國營的，大眾運輸受到政府補助，簡而言之，私人企業擁有很少的空間（Peretz & Doron, 1998: 150-169）。

　　第一次全民政府運作得相當有效能，因為政府面臨兩項危機時處理得很好：揮軍黎巴嫩、削減通貨膨脹，雖然這些問題使競爭性的兩黨趨向緩和，卻也有分岐性的議題爆發出來，例如巴勒斯坦人的暴動（intifada），不過全民內閣還是維持到一九八八年任期結束，但是在達成上述兩項主要成就後，兩大陣營合作的意願便降低了（Hazan, 1996）。

　　一九八八年選後，兩大黨席次相當，而宗教政黨仍然要求修改「回歸法」，依照猶太法典的規則來認定誰是猶太人，但舉世只有正統派猶太人會遵守猶太法典的戒律，其他猶太人大多不是正統派，於是，兩大黨的選項只剩下全民政府（Arian, 1998: 240-250）。一九八八年選後，宗教政黨獲得百分之十五的選票，他們有意修改回歸法（Law of Return），重新定義誰是猶太人？這也顯示出宗教政黨能決定由那個大黨來組閣（Arian, 1998: 178-205）。

　　一九八八年大選利庫黨贏得四十席，這是該黨第一次真實的勝利，利庫黨決定藉此擺脫極右派小黨，並維護自己的權威，就連Menazhem Begin辭職，利庫黨分成三派，夏米爾加Moshe Arens、夏隆以及李維也一樣。夏米爾意識到利庫黨的巨大矛盾，一方面利庫黨是主導的政黨，一方面則是無法統治的政治結盟，很難對議題達成全黨的共識（Sprinzak,1993: 127-129）。

　　夏米爾的黨內基礎主要有二，一是利庫黨的新生代（princes），另一則是在發展中城鎮成長的年輕東猶們，他們年輕，並且受過良好的教育（Sprinzak,1993: 127-129）。

　　利庫黨有一群新生代（princes），包括Ehud Olmert、Dan Meridor、Roni Milo、Binyamin Netanyahu、Benny Begin、Uzi Landau，他們是年輕的政治人物，舊式修正主義者的兒子，舊式修正主義以效忠夏米爾為核心。納坦雅胡是外交部助理次

長。夏米爾的決策結構基本上是一個中間偏右的結盟，把勞
工黨拉近來以後就可以不用顧慮極端左翼的政黨，不過夏米
爾並沒有注意到以色列的政治體系無法讓他有效地運作（Ela-
zar & Sandler 1992: 280-282）。

　　一九八八年選後利庫黨其實可以出面組閣，不需要找勞
工黨入閣，但是需要與眾多宗教小黨協商，特別是民族宗教
黨、Agudat Israel、Degel Hatorah和夏斯黨，而正統派正統發
動「誰是猶太人？」的問題，民眾對正統派的印象更差，認
為他們在組閣中獲取太多利益，這使得夏米爾決定邀請勞工
黨組全民政府（Cohen & Susser, 2000: 38-72）。

　　找勞工黨共組全民政府，可讓利庫黨解決四個眼前的問
題：首先，不必對宗教政黨要求修改回歸法的訴求做出讓步；
其次，不必理會宗教政黨強化安息日戒律的要求；再者，組
全民政府後，將由勞工黨拉賓擔任國防部長，可阻卻利庫黨
夏龍擔任此一職位；最後，勞工黨亦需負擔未能平息巴勒斯
坦人暴動（intifada）的責任（Ereedman, 1989: 421）。

　　一九八八年十一月選後的大聯合政府顯示出以色列現存
的行政效能和政府代表性受到限制，總理一上任就必須面臨
不信任案的威脅，比例性和政府效能之間已經有了一個新平
衡點，第二次全民政府的垮台是因為上述兩者的不平衡導致
政府僵局，沒有一個大黨能組織穩定的內閣，以做出決策制
訂，協商過程的勒索、勞工黨企圖另組政府，引發絕食罷工
（hunger strike）、數萬人走上街頭要求選制改革等等。

　　其實，一九八八年選後不必然要組全民政府，夏米爾的
利庫黨贏得四十席，右翼陣營有六十五席，勞工黨則有三十
九席，左翼陣營有五十五席，再加上與宗教和民族主義政黨
簽署聯盟協議書之後，夏米爾又去找勞工黨組閣，與一九八
四年的情況相比，一九八八年並沒有全國性的危機以致於需
要組全民政府來面對威脅，因此，全民政府的組成主要是出

自執政聯盟內部派系的考量。

　　夏米爾為什麼要邀請勞工黨組閣而不是組「最小獲勝內閣」？何況，由宗教和民族主義陣營組成的內閣同質性會比較高，也比較穩定。事實上，夏米爾最關心的是外交政策，而這也是兩黨最具競爭性之處。

　　外交政策是夏米爾思考的首位，巴勒斯坦暴動已經進入第二年，阿拉法特（Arafat）於一九八八年十一月宣布「承認」以色列，以色列新政府的挑戰是避免巴勒斯坦解放組織攻擊佔領區Judea和Samaria。夏米爾認為讓勞工黨擔任反對黨比較危險，應該要找勞工黨加入政府，讓他們承擔一些責任，而民族主義─宗教陣營的政府將無法阻止屯墾活動，這會引起美國的不滿並且遭受國際社會的譴責。三個民族主義政黨Tehiya、Tzomet和Moledet中，前兩個政黨要求擴充屯肯區並且正式兼併佔領區，Moledet則支持官方遷移政策─這些都會削弱夏米爾政府的國際正當性；而如果仰賴三個極端正統宗教政黨，他們會在立法過程挑起「誰才算猶太人（Who is Jew）？」的問題，這會疏遠美國猶太人。

　　由於受制於美國，夏米爾不可能答應上述要求，為了組一個廣泛的聯合政府，夏米爾甚至答應勞工黨進入「大內（inner cabinet）」，這是個重要的決策制訂體，夏米爾唯一的要求是勞工黨入閣後不得離間其他小黨，並且企圖籌組另一個政府，培瑞茲口頭答應，但是實際上就是在這麼做。因此，夏米爾原本對培瑞茲的低度信任逐漸低落，並且造成新政府運作困難。

　　新政府於一九八八年十二月二十二日成立，由夏米爾擔任總理，勞工黨、夏斯黨、民族宗教黨和Agudat Israel是聯盟伙伴。在四個重要的政務委員（portfolios）中，勞工黨得到財政（Treasury）和國防（Defense）兩個席次，也就是控制了預算和國防─以色列兩大公共部門，加上勞工黨本身所能控制

的Histadrut和Hevrat Haovdim，前者持有的公司佔了以色列三分之一的工業，左派的勞工黨對以色列內政事務有廣大的影響力。

此外，由十位閣員所組成的大內是國家安全事務的決策中心，夏米爾和外交部長Arens主導外交事務，另外還有四人論壇（forum of four），由夏米爾、Arens、培瑞茲和拉賓所組成，這是最重要的決策機關，特別是在擬定有關和平進程的對策時。

大聯合內閣也反映了夏米爾的偏好與關懷，外交政策掌握在總理和外交部長Arens以及其他可信任的人手中，Arens是黨內Herut派的領導人，該派系支持夏米爾，他們屬於舊式修正主義者（Old Revisionist）。

拉賓則是擔任國防部長，夏米爾信任他在國防和安全事務的表現，拉賓也是勞工黨陣營中大力鼓吹建立全民內閣的人，他主張在佔領區舉行選舉，這一點也被夏米爾大致接受（Elazar & Sandler 1992: 280-282）。

而為了拉攏勞工黨以及把培瑞茲中立化，夏米爾讓培瑞茲擔任財政部長，對執政黨而言，讓出預算控制權是很高的代價，培瑞茲心知肚明這是什麼意義，所以不太想接這個位置，但是勞工黨需要有人接下財政部，因為Koor這家Histafrut跨國公司瀕臨破產，而Kupat Holim（Histadrut的疾病基金）也有財政危機，對勞工黨而言，控制教育、衛生和農業部是很重要的，那將可以控制最有力的教師聯盟、最大的疾病基金、moshavim（小型農業屯墾地持有者）和kibbutzim（集體農場）。

有鑑於財政危機發生在勞工黨的主要選區，培瑞茲接下了他個人不太有興趣的財政部，但是他仍不放棄外交事務，他的顧問和助理部長都是外交專家，拉賓曾說他是「不屈不撓的陰謀家（tireless underminer）」（Elazar & Sandler 1992:

280-282）。

一九八八年新政府是由兩大黨加上所有宗教政黨而組成，共有九十七席，新政府隨即陷入僵局中，難以應付挑戰，例如和平進程，勞工黨終於在一九九〇年三月十五日提出不信任案。第二次全民政府引爆現存選舉制度的陷阱（pitfall），就算夏米爾想組廣泛的聯合內閣也無法讓政府穩定，終於導致選舉制度的改革。（Elazar & Sandler 1992: 277-280）

以色列最成功的改革是一九八五年宏觀經濟政策，這個政策達成兩項目標，分別是降低通貨膨脹和削減政府赤字。這個痛苦的改革是奠基在全民政府之上，個人的理性考量認為通貨膨脹必須被消除，部分犧牲必須被容忍。

宏觀經濟改革議題包括：經濟穩定與成長、平衡預算、降低通貨膨脹，減稅、降低政府支出佔GNP的比例；在微觀經濟部分，則是把政府支出從補助私人轉向投資公共建設，包括高等教育、水資源管理和環境保護。不過，稅賦和政府支出佔GDP的比例仍高，一九八五年總經政策推行後讓以色列公司更具競爭力、更有信心。下一階段總經改革目標應是減少稅收和政府支出（Yitzhak Klein, 1993: 44-50）。

微觀經濟改革的範圍較廣，從資本市場自由化、民營化到醫療體系改革皆是。改革必然會傷害到某些人的立即利益，有三個團體的行為可以決定改革的成果，分別是政府、被改革的部門（銀行、進出口商、醫師等等），第三則是社會大眾。

政府是改革的必要條件而非充分條件，以銀行民營化為例，一九八三年政府將幾家銀行收歸國有，政府決心要在五年內完成所有銀行的民營化，但是四年來只有一家達成目標；目前政府也要將國有航空公司民營化（當初也是在破產後由政府接手）以及把最大的礦業以色列化學工業民營化。

五家公立醫院的民營化過程遭遇醫院員工的威脅，他們

揚言要怠工或罷工，但由於以色列公共醫療體系普遍被視為不佳，民眾支持激進的組織改革（Yitzhak Klein, 1993: 44-50）。

不過，民營化的支持者仍較佔上風，拉賓宣布要出售國有企業，政府也要減少對資本市場的干預，但拉賓表示政府應成立政府基金，投資運輸業、電力、水利、下水道、高科技業和研發，並且為福利、教育、健康和住宅提供服務（Peters: 1-17）。

一九八四年至一九八八年的全民政府有兩項重要成就：削減通貨膨脹，以及自黎巴嫩撤軍。但是在其他領域，政府則幾近於僵化。一九八八年的全民政府並非因為全國危機而組成，因此也就不必預期會有較長的壽命，利庫黨三名成員威脅倒閣，因而獲得較好的部長位置，他們是李維、夏隆和Modai（Peretz & Doron, 1998: 175-197）。

以色列政治改革有兩個企圖，一是為那些發動改革的政黨取得優勢；其次是修正體系所面臨的缺點或錯誤。在以色列，取得改革所需的多數是很困難的。

一九八四年至一九九〇年之間的全民政府使得公眾認為政府缺乏治理能力，大家公認有兩個缺失，一個是選舉制度允許小黨擁有太過自由的代表性，尤其是宗教政黨，在組閣過程中要求大黨仰賴這些小黨；第二個則是國會必須以多數決通過政府政策（Doron & Harris, 2000: 71-89）。

兩大黨曾發表聲明支持改革，一般認為，兩大黨要對抗宗教政黨就必須通過改革法案，但是幾年過去了，改革的議題落入囚犯困境中，任一大黨支持改革法案另一大黨卻未支持時，表態的大黨在將來就得不到宗教漲黨在組閣時的支持，也就是說，宗教政黨什麼也不必做便可以反對改革法案立法（Yitzhak Klein, 1993: 50-58）。

第二節　一九九〇年內閣危機與群眾抗議

一九九〇年三月至六月間，以色列全民政府發生內閣危機，此次危機引爆民眾心中的不滿，紛紛走上街頭，要求政治人物進行改革。

由於勞工黨領導階層再也不願忍受利庫黨總理夏米爾在和平進程（peace process）上的好戰立場，勞工黨反對利庫黨面對美國國務卿貝克有關和平進程計畫所持的不妥協立場，因而決定倒閣，他們相信可在培瑞茲的領導下重組聯合政府，讓一九八四年至一九九〇年間被全民政府冷凍的和平進程重新恢復生機。

一九九〇年三月七日，以色列內閣閣員開會決定是否同意美國所提議在開羅與巴勒斯坦代表團見面，會中決議這項決定延到三月十一日再決定。培瑞茲告訴總理夏米爾，如果再拖延下去而不參與和談，勞工黨將離開執政聯盟並使政府垮台，除此之外，夏米爾如果繼續讓俄裔猶太人到佔領區屯墾的話，也將面臨美國撤回數億美元房屋貸款的壓力（Economist, 1990.3.10: 49）。

長期以來，兩大黨對佔領區（西岸和加薩走廊）的命運抱持不同的觀點，勞工黨傾向與巴勒斯坦做「歷史的妥協」，以土地換取和平；利庫黨則主張大以色列的概念，矢志絕不讓出一吋佔領區的土地。

除了勞工黨和美國的壓力，過去幾週以來，夏米爾還遭受黨內的砲火攻擊，例如夏隆和李維，他們宣稱開羅會議將是通往巴勒斯坦國的第一步，以色列將因此受到傷害。

如果不信任通過，總理即成為看守內閣，不得解除任何一位部長的職務，因此，夏米爾決定先一步解除培瑞茲的職務，讓勞工黨其他部長跟進提出辭呈，這樣就會空出一些職

位，供夏米爾與其他政黨談判之用（Elazar & Sandler 1992: 289-293）。

三月十三日清晨，培瑞茲集結了61席通過以色列歷史上首度不信任案，準備主導組閣，培瑞茲並對外宣稱和平計畫依然有效，但是以色列人第一件事情應該想想自己要的是什麼樣的政府？比例代表制使以色列難以組成多數政府，一九八四年選後內閣是由小黨扮演平衡的角色，必須提供偏狹的利益給他們以換取支持，這兩個極端正統小黨擁有7席，而勞工黨陣營擁有55席，利庫黨陣營擁有58席（Economist, 1990.3.17: 43-44）。正統派中，Agudat Israel黨也投贊成票，夏斯黨則缺席（Arian, 1998: 178-205）。

三月二十日以色列總統Chaim Herzog讓培瑞茲嘗試組閣，因為他認為勞工黨有能力組閣取代「勞工黨－利庫黨全民政府」，當時培瑞茲有六十席支持他，夏米爾也有六十席。

維持十五個月的聯合內閣會失敗主要是因為巴勒斯坦的和平議題，夏米爾受制於黨內鷹派因而拒絕美國所提雙方前往開羅會談，討論夏米爾所提在佔領區舉行選舉的提議，勞工黨憤而倒閣。現在的問題在於是否有足夠多的議員支持培瑞茲組閣以及在和談上的態度。

以色列的比例代表制使小黨擁有不成比例的權力，四個由資深拉比（rabbi）所領導的政黨擁有13席，控制了勞工黨左翼陣營和利庫黨右翼陣營之間的平衡關係。在過去，這些拉比專注於宗教和世俗之間的議題，而由於依戀（attachment）猶太教聖地，他們過去較傾向利庫黨的大以色列政策，較不喜歡勞工黨以土地換取和平政策。

但有些宗教政黨也宣稱要具備生存與妥協的古猶太智慧，夏斯黨（Shas）領導人Ovadia Yosef拉比就在三月時讓夏米爾政府垮台，夏斯黨六位議員中有五位在不信案投票時棄權，使得不信任案過關，這讓外界認為Yosef喜愛勞工黨更甚

於他的支持者。

倒閣之後，前三週將由培瑞茲嘗試組閣，如果不成，接下來才換夏米爾組閣，猶太教拉比們在此刻又扮演關鍵角色。勞工黨似乎自信至少能贏得一個宗教政黨Agudat Israel的支持。培瑞茲說，他將盡快組一個多數政府，或者組由六席阿拉伯議員支持的少數政府，如果都不成功，或許會重新選舉，甚至又組一個新的「勞工黨—利庫黨全民政府」。

夏米爾成為看守內閣閣揆後，他要盡最大的可能阻止宗教政黨與勞工黨結盟，只要他能阻卻勞工黨，利庫黨內部便會團結在一起，但是現在利庫黨內有一群熱血沸騰的政治人物包括夏隆和李維等，如果夏米爾失敗了，黨內將掀起一股領導權之爭（Economist, 1990.3.24: 41）。

至四月初時培瑞茲是否已經完成組閣仍然是個謎，他和夏米爾仍是勢均力敵，各有60席議員支持。勞工黨傳說中的結盟者仰賴利庫黨的脫黨者，勞工黨以部長職位加以引誘，該位人士藉此報復夏米爾十八個月前將他趕出內閣。

原本預定在逾越節國會休會期間將召開特別會議給予新政府信任投票，但直到那天，培瑞茲的勝利仍未完成，他的賭局仰賴對未來更多背叛者的期待才能取得安全多數。

在四個宗教政黨中，只有Agudat Israel黨與勞工黨達成正式協議，部分夏斯黨議員（他們上個月以缺席方式讓大聯合內閣倒閣）可能會因為可分得部長席次以及資助宗教機構因而加入勞工黨聯盟，但拉比的上述要求觸怒了左派政黨，包括Civil Rights Movement、社會主義Mapam，更不用說阿拉伯民族主義者和共產黨籍議員，培瑞茲也需要這些支持者（Economist, 1990.4.7: 49）。

培瑞茲和拉賓已經領導勞工黨與利庫黨組聯合內閣達六年之久，這已經變成疲倦（trying）的伙伴關係，不過現在不會了，自從培瑞茲可恥地（ignominiously）組閣失敗後，未能

在最後一刻組成去利庫黨式的「追求和平內閣」。當培瑞茲為了失敗而公開哭泣時，拉賓保持沈默，接下來輪到利庫黨夏米爾嘗試籌組新政府。而勞工黨內部領導權之爭也再度爆發出來。

拉賓從一九八四年全民內閣開始便擔任國防部長，直到三月中全民內閣垮台為止，他深陷以色列政治僵局的核心中。他是勞工黨與利庫黨之間的連結，他拒絕與巴勒斯坦解放組織交手，也拒絕以色列退回到一九六七年以前的土地疆界。他支持美國國務卿貝克（James Baker）所提的計畫，以色列與非巴勒斯坦解放組織的巴勒斯坦代表團在開羅展開會談。

當聯合內閣垮台之後，一般認為由夏米爾組閣並不會比培瑞茲更容易成功，他仍然面對相同的局面：有六十席議員支持，四個小宗教政黨擁有十八席，依舊在兩大黨之間扮演平衡角色，他們偏好大聯合內閣把兩大黨都包括在內。

培瑞茲與夏斯黨及內政部長Deri於一九九〇年三月提出不信任案後，拉賓立即陷入兩難，首先，勞工黨似乎有能力組閣，其次，他的和平提議被夏米爾拖延，這個危機使得拉賓和夏米爾無法控制情況，所有危機的典型因素都浮現出來，危機的發展證明了以色列需要選舉制度和政府改革。

在不信任案投票前，拉賓擬了一份接受貝克提議的文件要給夏米爾簽署，但是夏米爾無意簽名，夏斯黨因而決定不支持政府，在不信任案投票時缺席（Elazar & Sandler 1992: 289-293）。

因此，拉賓於五月九日試著遊說勞工黨領導階層會議與利庫黨展開協商，籌組另一個聯合內閣，在稍微維修改條件下，拉賓說他可以接受利庫黨模糊的表述與巴勒斯坦展開會談，而不強求把「對貝克說是」（Yes to Baker）當作是加入新政府的強硬條件，培瑞茲則堅持一定要有清楚、可靠的答案（Economist, 1990.5.12: 40-41）。

　　一九九〇年三月培瑞茲倒閣成功，但是到了四月二十七日宣布組閣失敗，政府會垮台也是受到政治行動者策略的影響：主要是夏斯黨的內政部長Arye Deri支持倒閣。

　　夏斯黨在一九八八年選後獲得吸納部長（Absorption）和內政部長的職位，內政部長Arye Deri是夏斯黨精神領袖Ovadia Yosef的耳目，夏斯黨名單第一名是Yitzhak Peretz，擔任吸納部長，是個弱勢的部會，負責俄國猶太人的移民。

　　Agudat Israel黨離開政府使得夏斯黨在聯盟當中扮演平衡的角色，培瑞茲認為，只有讓勞工黨執政才能打破宗教陣營和民族主義陣營的結和，Yosef和Deri對外交政策比較溫和，夏斯黨採穩健的外交政策，如果加入勞工黨政府將可提高Deri的地位，謠傳他可以出任財政部長。

　　培瑞茲還考量到勞工黨的財政利益，在十五個月財政部長的任內，Kupat Holim（Histadrut的疾病基金）和集體農場被救起來，而且也沒有快速的解藥解決失業問題。

　　夏米爾—拉賓聯盟會垮台有幾個解釋因素：首先是Agudat Israel於一九八九年十一月離開政府，第二部是夏隆、李維和Modai反對和平提議，第三則是培瑞茲發動倒閣。而勞工黨議員也判斷有可能組閣，拒絕貝克的提議是扳機（Elazar & Sandler 1992: 289-293）。

　　Modai原本是利庫黨的自由派，因為黨無法滿足其需求，五個人另組新黨「促進猶太復國思想黨（The Party of Advancement of the Zioist）」。另一方面，利庫黨則是收買了勞工黨議員Gur。

　　三月二十六日，九十三歲的Shach拉比（Degel Hatora黨）發表精神演說，他清算了極端正統派與勞工黨陣營之間的歷史責任，他認為勞工黨為猶太國的世俗特徵負責；其次，拒絕將猶太民族現狀與領土的政治控制連結起來，這暗示了他對佔領區的鴿派立場，甚至猶太國不必然歸屬於猶太人。Shach

的談話聽起來不支持兩大黨，但是他私底下支持利庫黨，雖然他不喜歡利庫黨的民族主義外交政策。接下來幾天，他的影響力漸漸浮現，他不只控制Hatora黨還控制夏斯黨，夏斯黨因此拒絕由培瑞茲來組閣。

夏斯黨支持利庫黨除了受到Shach的影響外，另一方面也是顧慮其選民，夏斯黨的東猶選民希望該黨拒絕勞工黨，並支持利庫黨。

由於組閣協商過程的討價還價、政治勒索等等，引發民眾抗議，他們要求進行選舉和政府體制改革，並發起飢餓罷工，超過五十萬人齊集特拉維夫抗議，許多抗議活動領導人是地方直選產生的市長（Elazar & Sandler 1992: 293-297）。

一九九〇年，培瑞茲與夏斯黨合作企圖讓夏米爾政府垮台，夏斯黨議員同意在信任投票時缺席；同時，培瑞茲邀請Agudat Israel加入新政府，但最後夏斯黨與Agudat Israel黨都拒絕加入培瑞茲內閣，這件事顯示出但最後夏斯黨與Agudat Israel黨可以策略性地選擇與兩大陣營合作（Cohen & Susser, 2000: 38-72）。

到了五月八日，最高法院要求關於組閣協商的秘密協定都必須公諸於世，勞工黨和利庫黨必須揭露所有組閣協商過程所簽署的秘密協定，有別於以往不介入政治過程的情形，最高法院介入了政治過程並保障公眾生活，這是因為此次政治系統的危機所導致（Elazar & Sandler 1992: 293-297）。

一九九〇年五月十五日，監察官Ben Porat宣布任命自己為調查委員會主席，她將調查國會財政委員會撥款給宗教機構的情形。內閣危機期間最有力量的機構是最高法院。

現存政治系統的問題必須放在兩個選舉脈絡下來看，雖然很難評估。自一九七八年開始，地方市長即由直選產生，地方選舉的門檻於一九八九年提高至3%，一九八八年國會選舉共有二十七個名單參選，一九八九年Histadrut選舉只有五個

政黨參與，選舉改革的用意是減少政黨數目和允許行政首長直選（Elazar & Sandler 1992: 293-297）。

這三個月的內閣危機顯示出政治人物所做的虛假承諾，冷血的背叛，為了金錢與政治利益可以超越黨派界線，種種情形被媒體被稱為無恥的鬧劇。公眾對於正統派的形象也不佳，宗教政黨自外於主流之外，有自己的一套主流價值與生活風格（Cohen & Susser, 2000: 38-72）。

一九九〇內閣危機讓改革運動再掀高潮，當利庫黨組閣時，黨內一個派系領導人Yitzhak Modai要求擔任財政部長，而且該派系成員必須在下屆選舉時進入安全名單，並且舉債百億元，否則就不支持利庫黨組閣（Yitzhak Klein, 1993: 50-58）。

總統Chaim Herzog長期以來即支持憲政改革，內閣危機期間，議員在政黨界線之間跳動，需索部長職位以當作支持的籌碼等種種行為，以總統Chaim Herzog的話來講，以色列的政治人物過去一個半月以來的表現是民主的絕對笑柄（mockery）。

不只是總統厭惡這個情況，四月三十日，在以色列獨立四十二週年慶典上，總統手持一份由五十萬人民（約選民數的六分之一）簽名的連署書，他們要求立即的選制改革。數千人犧牲假期在耶路撒冷國會大樓前集會抗議，到下星期國會春假後開議時，又有另一波抗議行動，上個月將近有十五萬人集結在特拉維夫要求選制改革。

自從聯合內閣垮台六個星期後，國會分成兩大陣營，雙方剛好都是60席，勞工黨陣營主張放棄部分一九六七年佔領的土地，另一派則是夏米爾領導的利庫黨—大以色列（Greater Israel）陣線，每一位議員的票都具有決定性的影響力。

例如，前法務部長Avraham Sharir認為在利庫黨內的部長生涯即將結束，當勞工黨允諾他控制兩個部長位置以及保證在下兩屆議會都會有他的席次時，他背叛了利庫黨。但是當

勞工黨無法湊到足夠的多數時，他愉悅地（blithely）回到利庫黨。勞工黨之所以無法組閣因為兩位Agudat Yisrael黨的拉比原本簽署聯盟同意書，但是到了培瑞茲要向國會提出政府信任案時，這兩人又反悔了，因為該黨的支持者主要是宗教基本教義派，比較偏好右翼陣營，於是輪到夏米爾來籌組聯合內閣。

　　兩大黨並非看不到改革制度的需要，去年他們同意籌組一個全黨委員會考量變革的各種選項，成員們認真地審視各項制度的相對優點，但是那都不像國會多數會通過的方案，小黨什麼也得不到，部分大黨議員希望採用選區制，現在他們要做的是取得自己黨內的同意。

　　組閣期間，培瑞茲要求使用計謀引誘背叛者加入他的「追求和平內閣」，最後，他宣稱有修正他的手段，但他的勞工黨同事拉賓（Yitzhak Rabin）建議恢復兩大黨聯合內閣六個月，然後舉行總理直選；但夏米爾拒絕此項提議，他說以色列需要穩定的政府，沒有任何選舉操作可以掩蓋這個國家因為和平議題而分裂的事實。

　　對總統和五十萬連署人而言，他們認為應該採用能選出為自己行為負責的政治人物的選舉制度，並產生較好的領導人，解決巴勒斯坦問題。「展露在我們面前的政治過程已經不為許多人所接受，」總統在獨立紀念日演說時這麼說，「改革制度是可以被承擔，也必須被承擔的（Economist, 1990.5.5: 49）。」

　　勞工黨雖然可以輕易倒閣，卻無法順利取得組閣所需的多數，因為極端正統教義黨願意對利庫黨投下不信任票，卻不敢加入支持勞工黨主導的聯合內閣。在籌組執政聯盟的過程中，兩黨為了爭奪權力和職位，都去爭取極端正統教義黨的支持，兩大黨都漫天喊價盡力收買宗教小黨的支持（Hazan, 1996）。而到了六月仍然由利庫黨夏米爾以六十一席組閣時，

勞工黨不止失算而且還顯得非常可悲（miserably）（Sprinzak & Diamond, 1993: 4 ;Brichta, 1998: 183）。

一九九〇年政府危機為憲法改革提供必要且充分的條件，一九九〇是以色列首次以不信任案倒閣，培瑞茲有意組勞工黨主導的聯合政府（Cohen & Susser, 2000: 73-99）。但是計畫結果完全相反，許多個別議員，民眾可能聽都沒聽過，待價而沽，等待那個大黨的價碼高，就加入哪一個大黨；有些資深議員則背棄自己所屬政黨，只因另一個大黨同意給予部長的位置，在歷經勒索、承諾、威脅和背叛之後，最後仍由利庫黨組閣（Cohen & Susser, 2000: 73-99）。

利庫黨夏米爾於六月十一日項國會提出的新政府是史上最具鷹派色彩的內閣，有人說這是災害的處方，阿拉伯人則憎惡這個內閣。新聯合內閣同時依賴宗教政黨和極端世俗政黨，以及一些機會主義者的個別議員，共有六十二票支持，在總席次120席中僅是微弱的多數。

夏米爾看起來像是鬆了一口氣而非充滿自信，在幾個禮拜與潛在盟友協商後，他創造了自一九八四年開始的全民內閣後，首度狹窄（narrow）內閣，夏米爾較喜歡與勞工黨組閣，但是政治光譜兩端的人民迫使他單獨行走。

利庫黨黨內鷹派如夏隆等人經常反對與勞工黨共事，於二月辭職的夏隆，在三月聽到全民政府因為不同意美國提議與巴勒斯坦會談而被倒閣時，顯得很高興，他現在回到政府擔任住宅（housing）部長。

在左翼，由於勞工黨發表聲明願意與阿拉法特的巴勒斯坦解放組織接觸，這使得另一次大聯合內閣成為不可能，夏米爾堅持他要的是和平，他的政策以一九七八年大衛營協定和一九八九年五月由他所提在西岸和加薩走廊舉行選舉為基礎，但是他也堅定拒絕與PLO接觸，或是給予一千七百萬佔領區巴勒斯坦人更多有限的「自治」。

　　令人吃驚的是夏米爾選擇前外交部長Moshe Arens擔任國防部長，他的主要挑戰是巴勒斯坦人暴動（intifada），偶爾就會有暴動發生，這個情形已經三十個月了，Arens接下這份工作的目的是使夏隆遠離這個位置，夏隆接掌住宅部長，其責任是讓俄裔猶太人返回以色列，有關他對屯墾佔領區的熱情，不難猜他會喜歡許多新同胞到那裡建立家園。

　　外交部長李維如同許多東猷，摩洛哥出生的他與其他利庫黨同事一樣對和平、領土議題抱持著鷹派的立場。但是他的政策大部分將取決於與夏隆爭奪黨的領導權的鬥爭（Economist, 1990.6.16: 48）。

　　這次危機引發要求改革的草根運動，民眾憤怒、反國會的絕食活動，這是以色列歷史上動員規模最大的抗議活動，超過五十萬公民（相當於15%人口）簽名要求改革，他們要求政治體系的改革，冬眠中的國會委員會開始認真討論選制改革法案並快速進入立法過程（Hazan, 1996）。

　　三個月危機的意義在於：它暴露出以色列政治體系的故障，使得大部分以色列人意識到這個問題。但是這三個月所發生的事情以前就已經發生過：聯盟間的討價還價，來自小極端政黨的政治勒索與豪奪，毫不羞恥地公開行賄；國家最高決策者露骨且固執地黨派偏見，完全不考慮國家利益，例如國家經濟或俄裔猶太人的吸納；對公眾採用不屑（cynical）和家父長式的態度。一九九〇年三個月危機的特殊之處在於它較大較激烈。極端正統政黨的拉比掌握了以色列國家利益最終的判斷。政府龐大的預算爽快地過關，用以賄賂聯盟小黨。高層的部長和官僚位置被提供給沒有經驗的、腐敗的國會議員以交換他們的選票。有些特別無恥的議員利用機會脫黨，以抬高自己在政治市場的身價。……純粹比例代表制並未帶來善良的民主，相反的，狹隘、好戰的勢力挾國家為人質以換取自己的需求，不只是組閣過程，還包括威脅當這個

或那個法案過關時要加以倒閣。

這次內閣危機使人們開始思考艱澀（harder）的重要問題，例如和平、安全和經濟等等。此外，有些過去不敢正視的問題現在一一浮上檯面，包括：一個制度上弱勢的總理如何和25位政治上獨立且握有權力的閣員共處？允許少數宗教信仰者不必服兵役而去牧場工作是公平且民主嗎？純比例代表制將議員對選民的責任縮小到極小的範圍，這樣的制度民主嗎（Sprinzak & Diamond, 1993: 4）？

在民主國家中，以色列民眾對於政治過程和公共事務的參與程度很高，但是自從一九九〇年全民政府垮台以後，加上為了組閣所傳出的政黨醜聞，政府僵局和權力的濫用讓民眾要求立即改革選舉制度（Peters: 1-17）。

第三節　勞工黨領導權之爭

培瑞茲與拉賓兩人長期以來即不斷爭取黨內領導權，在發生一九九〇年內閣危機之後，拉賓趁機爭奪黨內領導權，並以「直選」（包括黨內初選以及總理直選）做為主要訴求，塑造自己支持改革的形象。

一九七四到一九七七年間，拉賓擔以色列任總理，培瑞茲擔任國防部長，培瑞茲一直無法勝過拉賓，一直到拉賓的妻子擁有外國帳戶的醜聞後，培瑞茲才擊敗拉賓成為黨的領導人，卻不幸在一九七七年選後成為反對黨，直到一九八四年全民政府時期才成為總理（Arian, 1998: 114-136）。

而就像賭博輸了一樣，培瑞茲要為一九九〇年組閣失敗付出代價，從發動倒閣到試著找猶太教拉比組閣，將近四個月的期間，培瑞茲面臨黨內同志、前國防部長拉賓對他領導權的挑戰。度過一九九〇年內閣危機之後，拉賓對培瑞茲的

批評言詞漸漸變得露骨，他說，培瑞茲身為黨的領導人，應該為籌組新政府失敗而被譴責，他將在適當的時機角逐黨的領導人的位置（Economist, 1990.5.12: 40-41）。

　　勞工黨是在一九九○年經歷了培瑞茲編曲的內閣危機後開始全力支持選制改革，主要是因為拉賓大力推動選制改革法案，朝著多數決並保留議員選舉比例代表制的方向前進（Elazar & Sandler, 1995b: 331）。

　　拉賓為了重掌勞工黨領導權已經等了十三年了，一九七四年，他以些微的票數險勝培瑞茲，從Golda Mair手中接下勞工黨，三年後，他因老婆在海外擁有外幣帳戶的醜聞被迫下台，改由培瑞茲接任，但是勞工黨在一九七七年、一九八一年大選都輸給Menachem Begin領導的利庫黨；一九八四年，培瑞茲與利庫黨輪流擔任總理，一九八八年，再度與利庫黨組聯合內閣，但是並未輪流擔任總理（Economist, 1990.5.12: 40-41）。

　　利庫黨的政治人物也喜愛引用拉賓在一九七○年代對培瑞茲著名的描述：「不屈不撓的陰謀家（indefatigable intriguer）。」不過期待兩人的權謀鬥爭還言之過早，拉賓之所以支持與利庫黨再組聯合內閣，是因為拉賓離開他深愛的國防部長職務後，他認為回任國防部長會比與培瑞茲爭奪黨的領導權更重要（Economist, 1990.5.12: 40-41）。

　　根據民調，以色列人最希望在以色列土生土長，同時也是一九六七年六日戰爭中以色列最高軍事指揮官拉賓成為總理。而培瑞茲已經在過去四次選舉中失利，他在黨內的支持度也逐漸衰退，甚至連支持他的勞工黨人也要求他屈服以免在黨內鬥爭中受傷。

　　拉賓把培瑞茲企圖結合小宗教派系組閣的行動描述成「有臭味的霉運（malodorous misadventure）」，培瑞茲應該為組閣失敗負起責任。勞工黨共有38名議員，他們大多站在

拉賓這一邊，20名議員上週與拉賓聚會商討任命他為黨的領導人，其他至少有8人允諾會支持。比起來，一九九〇年六月二十五日聚會時，培瑞茲只有六名議員支持，他們告訴培瑞茲，如果他堅持要與拉賓鬥，被羞辱的會是他。

按照勞工黨的規定，培瑞茲的安全任期至少維持到一九九一年四月勞工黨大會，但拉賓企圖施壓修改規定，允許在一九九〇年七月1200名中央委員開會時投票，或是在九月舉行全黨黨員投票，雖然培瑞茲過去在中央委員會擁有多數支持，但是拉賓相信他現在可以擊敗培瑞茲。

一九七九年拉賓曾寫書稱呼培瑞茲是不可信賴的（untrusteorthy），雖不公平，但卻為許多以色列人所接受。甚至連培瑞茲的傳記作家Matti Golan也承認選民對培瑞茲缺乏信任：「人們可能會說他不值得尊敬、缺乏信用、他身上的某部分是虛偽的。」

信用對拉賓而言並不是問題，他在國防事務表現良好（以粗暴手段對抗巴勒斯坦人的暴動），並對領土妥協的需要採實用觀點，他無疑地比培瑞茲更有勝選可能，但這並不意味著勞工黨在大選中會勝過利庫黨（Economist: 1990.6.30: 52）。

由於勞工黨長期在位，一直到一九九七年才失去政權，在這段期間，政府對經濟的干涉不斷增加，也創造出不斷增長的官僚體制，不管是政府本身還是相關的行政、服務組織，高級文官的政治化傾向漸增，以及經濟官僚的萌芽，這使得民間要求文官去政治化的動力日增，以及要求Hustadrut私有化，不論是商業還是福利部門。

勞工黨漸漸失去低收入團體的信任，東猶也覺得受到不公平對待，從公部門到私人生活，從工作場所到福利服務。在一九七七年以前，勞工黨確實比其他政黨接收許多低收入者的選票，但是在一九七七年以後不復存，因為該黨停止承

擔工人政黨的形象（Gutmann, 1993: 108-111）。

對勞工黨而言，較大的影響是東猶的不滿，東猶來自土耳其和北非，他們從來不覺得與從東歐來的西猶是親戚，而勞工黨主要是由西猶以其社會主義或民族主義屬性建立的。這群來自北非、伊拉克、葉門等等對勞工黨不滿已成為以色列最常討論的社會政治現象，這是一個社會經濟階級問題，還是新住民對舊住民的對抗，或是族群文化的疏離，還是上述因素兼具？勞工黨已經被定位為西猶政黨，而在一九七〇年代和一九八〇年代拿不到三分之一的東猶選票（Gutmann, 108-111）。

一九九二年春天，勞工黨採用黨內初選制，黨員忠誠由培瑞茲轉向拉賓，因為他們相信只有拉賓能夠贏得接下來的選舉。總理直選法案受到勞工黨大部分領導人的支持，包括培瑞茲和拉賓，雖然首次總理直選要在一九九六年才執行，但是拉賓在一九九二年選前便表現得像是已經是直選一般，選後的結盟協商也是這種態度。在過去，提名機制掌握再黨中央的手中，黨的官僚不喜歡改革方案中引進地方選區制度（Gutmann, 1993: 112-114）。

勞工黨開放讓黨員直選黨的領導人和公職候選人，使的勞工黨去中央化，讓黨的形象更開放、更具代表性和更民主（Peters: 1-17）。

勞工黨黨內初選於一九九二年二月十九日舉行，十五萬兩千一百七十六名黨員當中，有百分之七十一參與投票，共有四名黨魁候選人，拉賓贏得百分之四十點六，剛好過關，培瑞茲贏得百分之三十四點五，Kiesar贏得百分之十九點三，Namir贏得百分之五點六。此次初選吸引了公眾與媒體的注意，勞工黨黨內民主化的過程與社會大眾要求政治體系改革相呼應（Elazar & Sandler, 1995b: 331; Yitzhak Klein, 1993: 50-58）。

　　培瑞茲並不喜歡九二年大選時勞工黨的競選標語：「在拉賓的領導之下」，拉賓在經由黨內初選獲勝以前就熱衷於改革，這可能是因為他的軍旅生涯或是他在擔任駐美大使期間欣賞美國總統大選的競選方式有關。

　　不過，勞工黨的考量不見得純粹出自拉賓個人的偏好，因為總理直選有利於把阿拉伯人選票轉移到勞工黨身上，在舊有制度下，阿拉伯人選票很難移轉過來。對勞工黨的支持者而言，新制度也可以把佔多數的世俗民眾從對小型宗教政黨的倚賴和權力分享中解救出來，但培瑞茲認為，宗教社群遍布全國，上述期待是不切實際的（Elazar & Sandler, 1995b: 331）。

　　勞工黨支持新制度是基於相信唯有改變純比例代表制才能讓勞工黨重新掌權，主要有下列假設：首先，一九九〇年全民內閣破局後，宗教政黨在組閣過程中具有樞紐地位，這些政黨較支持利庫黨而非勞工黨。因此，唯有當勞工黨候選人透過直選當選時，才能驅使這些宗教政黨與勞工黨共組聯合內閣。其次，假設只有兩個世俗陣營（利庫黨和勞工黨）競選，阿拉伯選民較可能把票投給勞工黨而非利庫黨，雖然阿拉伯人政黨在議會制下沒有加入政府的正當性，但是阿拉伯人政黨曾經支持拉賓政府而未入閣（Brichta, 1998: 185-186）。

第四節　利庫黨意見紛歧

　　關於總理直選案，利庫黨國會議員的態度有兩種，總理夏米爾反對直選制，因為他擔心自己與勞工黨拉賓一對一對決時無法獲勝，而利庫黨籍國會議長同時也是憲法與法律委員會主席的Lynn則贊成總理直選制，事實上，他也是四名提案議員之一。最後，夏米爾做出妥協，同意不反對總理直選

案，但條件是必須在下一屆（第十四屆）國會改選時才實施（Arian, 1998: 213-222）。

由於夏米爾反對立即實施總理直選案，國會於會期最後一刻通過自一九九六年開始實施。總理直選案受到跨黨派的支持，包括勞工黨、Meretz、Tzomet和大部分的利庫黨員。宗教政黨已經式微，很難加以反對（Peters: 1-17）。

夏米爾不贊成在一九九二年選舉時採用總理直選，主要是因為擔心勞工黨拉賓會獲勝，但為了不違背公眾要求改革的風潮，夏米爾主張採用德國式的建設性不信任案，但是拉賓批評這是個計謀，而利庫黨議員也不是很贊成（Doron & Harris, 2000: 71-89）。

利庫黨是由兩大勢力所組成，一是右翼民族主義Herut運動，另一則是布爾喬亞利庫黨，Herut吸引了中下階層的工人，以及在亞洲或非洲出生的工人階級，雖然不少西猶也加以支持。利庫黨的支持者則來自中上階層的貿易商人，教育程度亦高於Herut，利庫黨的選民趨於平衡（Arian, 1998: 213-222）。

在議會制國家，執政黨和反對黨的界線是很清楚的，但是協和式政府或大聯合內閣受限於意識型態分岐因而讓反對黨分享權力同時也分擔責任。而夏米爾全民政府的問題出在於閣員們都表現得像個反對黨，各式各樣的分岐限制了政府運作，終於導致垮台，雖然是由政策議題引爆，但是不能忽略政治利益扮演的角色，以及選舉制度和政治結構調和之後的關連性。

第一層不合之處出在利庫黨內部，黨內派系有領導權之爭，摩洛哥出身的副總理李維認為自己被疏遠，李維是黨內第二大派Herut的首腦，原本預期可以接掌外交部長，因為外交部被視為是邁向總理的必經之途，此外，李維的人馬都沒有被指派為部長。

　　夏隆也想角逐總理一職，但他只是貿易與工業部部長，也不在四人論壇之列。另一個障礙是，所有內閣圈內人（inner circle）都認同傳統Herut修正主義（tradtional Herut-Revisionist）。李維和夏隆也擔心夏米爾提拔Moshe Katzav，因為他的背景與李維很像，因而可以爭取東猶選民，此外，曾經認同夏隆的David Magen也被要求參與地方選舉，有機會建立起自己的支持基礎。

　　另一個被疏遠的團體是黨內自由派（Liberals），領導人是Yitzhak Modai和Avraham Sharir，當夏米爾只給Modai經濟計畫部部長時，他們覺得受挫，Modai和夏隆都曾經在一九八八年動員宗教小黨支持夏米爾，於是，Modai加上夏隆和李維組成「被迫害的部長（Constraints Ministers）」，成為黨內右翼反夏米爾的勢力。該聯盟背後的政治動機非常明顯，在黎巴嫩戰爭期間，李維抱持著鴿派的態度，夏隆則領導這次戰爭，Modai來自中間政黨，他們反對夏米爾以及傳統Herut派，該派主張以色列領土的完整性，這個聯盟不滿夏米爾的部長人事安排，他們藉著貝克所提的計畫形成受迫害部長聯盟。

　　另一個反對夏米爾的政黨是Agudat Israel黨，該黨在這次選後席次增加一倍，也為夏米爾的組閣扮演平衡的角色，，該黨擁有財政部長和國會財政委員會主席，但是當夏米爾沒有做到相關承諾時，該黨覺得被背叛了。夏斯黨佔有優勢，該黨關心宗教法案，包括棘手的「誰是猶太人？」問題，較少施壓於限制色情作品、褻瀆神明等，這都令Agudat Israel黨受挫，而且，政府組成不到一年就向勞工黨靠攏。

　　勞工黨自然是反對派的核心，尤其是培瑞茲，他總是在找機會瓦解政府，而拉賓與夏米爾的關係較佳，當拉賓於一九七四年至一九七七年擔任總理時，培瑞茲曾經扮演黨內反對派的角色，當培瑞茲於一九八四年開始領導和平陣營以來，他就小心翼翼不敢對抗國防部的「中間路線」（central stream），這是勞工黨鷹派的主張。

一九八八年第二次全民政府建立在拉賓和夏米爾的理解上，他們之間的歧見可以調停，夏米爾是忠誠的修正主義和Herut成員，相信以色列領土的完整，反對約旦河西岸出現非猶太人建立的主權；拉賓則傾向領土和解，主張釋放非戰略地區，但他也認為必須以約旦河為邊界，兩人都拒絕巴勒斯坦國在Judea和Sagenuine由PLO建立。

拉賓擔任國防部長替夏米爾解決了夏隆也想爭取這個位置的難題，因為由誰來擔任國防部長必須兼顧公眾的形象，由拉賓擔任國防部長不會強化鎮壓巴勒斯坦暴動，在全民政府垮台前幾天，拉賓向夏米爾建議接受巴勒斯坦的地方選舉，如此一來，以色列將可與當地民選官員協商。拉賓動員勞工黨支持政府以換取夏米爾對政策的支持，不過雙方對彼此的期望過高（Elazar & Sandler 1992: 282-286）。

利庫黨執政後的腐敗已經不是新議題也不是秘密，一九九二年三月，國家監察官Miriam Beb-Porat提出一份報告，內容指出部分利庫黨官員濫用公共基金以及腐化，這份報告讓許多人認為將可把利庫黨送入棺材中。

夏米爾拒絕支持總理直選案也傷害了黨，數十萬人於一九九〇年春天示威抗議，反對宗教小黨的勒索政治，因為宗教政黨為了獲得補助以及其他利益而出賣其支持，以及拒絕世俗政治人物改革選舉制度。總理直選法案變得和本來反腐化的象徵無關，勞工黨拉賓支持總理直選，而夏米爾拒絕總理直選案，但是不為民眾所接受，夏米爾的反對被解讀為支持腐化以及害怕與拉賓正面對決，支持總理直選案的納坦雅胡和David Magen也無法說服夏米爾。這個法案最後還是過關並做了些修正，自一九九六年才開始實施（Sprinzak, 1993: 139）。

總理直選案喚醒大眾的興趣，不只是因為該案直接影響

政黨之間的競爭，還因為它得到左右兩翼的支持，藉以打破阻礙組閣的僵局。不過大部分利庫黨成員皆反對總理直選案，尤其是總理夏米爾（Mendilow, 1995: 219）。

一九九〇年內閣改組後，極右派不只是在極端政黨中大躍進，夏米爾領導的利庫黨亦然，夏隆的政治和軍事右翼幾近主義並不是秘密，雖然在黎巴嫩Sabra和Shatila大屠殺事件之後被疏遠，但是進來他又成為新情勢的中心圖像。夏隆個人的形象讓右翼政黨願意加入不受歡迎的夏米爾政府，讓夏米爾度過危機，因此，夏隆變成新內閣的「king-maker」。

利庫黨內許多人知道民意要求改革，但是總理夏米爾曾於一九九二年二月十日要求黨籍議員將法案退回委員會，利庫黨的考量是，在現行聯合內閣的政治體系下，他們可以藉由與宗教政黨結盟而取得執政權，比較起來，如果讓受民眾歡迎的拉賓和沒有群眾魅力的夏米爾做一對一的對決，再加上勞工黨較受阿拉伯選民支持，總理直選將不利利庫黨（Elazar & Sandler, 1995: 18-20）。

納坦雅胡是利庫黨內少數明確支持總理直選案的主要政治人物（Peretz & Doron, 1998: 118-145），後來也成為以色列第一任民選總理。

第五節　宗教政黨成為組閣關鍵

以色列宗教陣營可區分為兩種，民族宗教陣營支持復國主義，也主張猶太人在巴勒斯坦開墾，另一派則是極端正統派，拒絕民族主義，反拒絕復國主義（Doron & Kook, 1999: 67-84）。

總理直選案企圖克服小黨在兩大陣營中勒索（blackmail）的可能，一九七〇年末期以前，一黨獨大體系提供相對穩定、

清楚的領導，由於勞工黨獨大，故小黨無法開發其談判的位置，而勞工黨有時候對小黨的激進要求妥協，那也意味著勞工黨只是為了有順服的伙伴。但是到了一九八〇年代兩大陣營的時期，小黨在結盟過程中具有關鍵性的位置，甚至個別議員即可決定政府的壽命，公眾對此現象極為不滿，但仍須遭遇政府醜聞危機後才能加以反轉（Cohen & Susser, 2000: 73-99）。

　　一九七七年選後，以色列政治版圖有了革命性的變化，過去內閣是由勞工黨主導，但現在以色列政壇可區分成兩大陣營：勞工黨集團與利庫黨集團，而由至少需要六十一席方能組閣，聯盟伙伴可在兩大黨之間發揮槓桿作用，以推動自己的需求。

　　Agudat Israel黨和民族宗教黨（NRP）就在這種新情勢中獲利。Agudat Isrel黨主張婦女應該儘量避免接觸世俗社會，該黨於是推動制訂一項法案，只要婦女遵守猶太律法中有關飲食與安息日的規範，即可免服兵役。而NRP則獲得宗教部長、內政部長與教育部長等職務（Freedman, 1989: 408）。

　　上帝（宗教）與民族主義（領土）兩個議題具有投票預測力，勞工黨給人的印象是反神職，利庫黨比較同情宗教勢力，雖然它的起源是世俗的（Arian, 1998: 213-222）。

　　一九八八年十一月一日選後，利庫黨與勞工黨各獲得四十席與三十九席，而四個宗教政黨（夏斯黨六席、NRP五席、Agudat Israel黨五席、Degel HaTorah黨兩席）贏得十八席，宗教政黨成為組閣的關鍵；當時，勞工黨陣營尚有Citizens' Rights Movement黨五席、Shinui黨兩席以及MAPAM黨三席；而利庫黨則掌握了Tehiya黨三席、Tzomet黨兩席以及Moledet黨兩席。在組閣協商期間，宗教政黨毫不隱藏其需求。

　　所有宗教政黨都要求增加補助宗教機構的基金金額，據估計，總數介於五億至六億美金之間；此外，他們還希望

強化遵守安息日戒律的義務，以及修改回歸法有關猶太人身份的規定；這些要求被非正統派猶太人稱為「宗教高壓統治（religious coercion）」（Freedman, 1989: 416）。

原本在一九八八年選前，民眾並不希望在出現令一次全民政府，甚至有全民「不團結」政府（National Disunity Government）的呼聲，但是民意的變化速度極快，選後反而有更多人支持全民政府，希望藉由全民政府推動選制改革，以抑制宗教政黨在未來選舉中擴張其勢力；此外，要求制訂成文憲法以明文規範政教分離的訴求也獲得支持。更有來自前軍中高階官員，支持勞工黨獲利庫黨的都有，正式向夏米爾呼籲，不要找那些企圖免除正統派學校學生兵役的少數成員籌組內閣（Freedman, 1989: 418）。

由於極端正統派得以免服兵役，在世俗派的眼中，民族宗教派比正統派更有肩膀，負擔起安全的責任，世俗派憎恨（rancor）正統派閃躲這項義務。一九六七年選後，正統派變得愈來愈有政治企圖心，除了免服兵役、與社會疏離，他們也想對安全議題發揮影響力，抗議領土議題的和解，以及要求安息日商店應該停止營業。這一切都使得憎恨與日遽增（Cohen & Susser, 2000: 38-72）。

夏斯黨的選民主要是東猶傳統派，經濟弱勢以及受到族群差別待遇者，多半來自所謂的發展中的城鎮。正統派人口約佔百分之二十，傾向右翼、主要是東猶、經濟不利者，並認為猶太本質會受到世俗左派的威脅（Cohen & Susser, 2000: 38-72）。

東猶很少支持勞工黨，因為他們認為該黨必須為錯誤的兼併政策負責，此外，勞工黨的世俗形象也讓正統派東猶卻步，他們關心以色列的猶太教角色，因此，當這些東猶不支持利庫黨時，會把票改投給夏斯黨，而不是勞工黨。

民族宗教黨和夏斯黨都從新選制中獲利，選民將其政策

偏好表達在總理選票上，但是把宗教偏好表達在議員選票上
（Don-Yehiya , 1998: 81-97）。

夏斯黨則是新正統派，該黨和Tahadut Hatorah黨長期在以
色列結盟政治中扮演關鍵的角色，他們為自己的社群爭取利
益，包括，從國家爭取來的物質資源、免服兵役等等。宗教機
構雇用上千人，包括教育制度、宗教法庭、地方宗教議會、
殯葬服務等等。國家補助款被用在孩童看護、教育、和其他
社區服務，由政黨直接提供服務，扮演著國家代理人（surro-
gate）的角色（Doron & Kook, 1999: 67-84）。

夏斯黨由東猶所組成，全名為Sephardi Torah Guardians
Party，簡稱SHAS黨，是唯一直接代表東猶的正統派政黨，它
的領導人來自極端正統西猶社群，但是支持者卻是傳統宗教
東猶（Smooha, 1993: 168-171）。夏斯黨於一九八四年建黨，
成員主要來自原Agudat Israel黨，以東猶為主，他們不滿意
Agudat Israel黨的提名名單中，東猶比例過少，因而自行組黨
（Diskin, 1989: 78）。

為了把自己從Schach拉比中解放出來，並且身為為一個加
入勞工黨聯合政府的宗教政黨，夏斯黨獨佔了宗教基金，並
且進一步邁向它的長期目標：主導全國的宗教勢力，過去這
個角色是由民族宗教黨（NRP）扮演（Peters: 1-17）。

而近年來最重要的發展是夏斯黨所屬的教育制度不斷成
長，受夏斯黨影響的教育和族群機構擁有自主狀態，並且享
有國家補助，而他們之所以享有比例性和自主性，是因為他
們兼具宗教和族群特質。在一九八三年夏斯黨成立之前，族
群分岐與宗教分岐比起來，較不具政治制度化，夏斯黨興起
後，宗教因素正當化族群分岐在政治制度化的表現（Don-
yehiya, 2000: 85-89）。

夏斯黨成功地照顧其選民的需求，例如，國立宗教學校
長期由民族宗教黨的西猶所領導，有些西猶所領導的獨立學

校要求家長符合宗教行為，但是許多東猶未能完全按照西猶的戒律行事，夏斯黨自視為Agudat Israel黨和民族宗教黨以外的選擇，也建立自己的學校（Elazar & Sandler, 1998: 12-24）。

夏斯黨（Sephardi Haredi party）誕生後，正統陣營分裂。夏斯黨成員多半來自回教國家，特別是一九五〇年代自北非移入者，吸納大量傳統東猶移民，他們強烈感覺來自西猶菁英的歧視（Friedman,1993: 184-190）。

夏斯黨主要把自己定位成傳統派，形成自我與集體認同。以色列有兩個世俗派居民居多的城市：特拉維夫（Tel-Aviv）與海法（Haifa）。世俗主義是一種生活方式，成員主要是高教育者、西猶、中上階級、修正式復國主義，主要政黨有利庫黨。勞工黨也是世俗政黨，它通常擁有國家主義（statist）政黨的標籤（Kimmerling, 1999: 27-44）。

夏斯黨成功地跨出正統派社會，吸引了傳統東猶，一九八四年，夏斯黨獲得四席，一九八八年，夏斯黨獲得十萬七千多票，成為以色列最大的宗教政黨，它的支持者主要來自東猶，來自以色列社經地位較低的階層，夏斯黨回應了個人和社會的需求而不是宗教的需求。夏斯黨領導人追隨正統派的生活方式，他們並不認為自己是反建國主義的正統派政黨，夏斯黨領導人願意入閣，但是西猶正統派政黨不願意這麼做（Friedman,1993: 190-199）。

夏斯黨與Yahadut Hatorah黨從未獲得超過百分之二十的選票，他們卻獲得超過百分之二十的政府職位，由有甚者，這兩個政黨還拒絕民主價值，提倡以猶太律法治國以取代民主政權，另外，其選民免服兵役並且投注畢生心力在高等教育中（Machmias & Sened, 1999: 269）

夏斯黨有意建立自己的教育體系：El Hamaayan，建立一個與西猶平行的學者社會，不過它當時的短期目標目前要做的事先抓住穩定的選民，夏斯黨的突然竄起不僅讓政壇驚

訝，夏斯黨領導人本身也感到訝異，夏斯黨的創黨人來自正統派Kollels，因此也想建立猶太法典會議，以制度化黨的精神領袖，由ovadia Yosef擔任首席，藉以吸引傳統東猶，另一個領導人是Schach，形成雙頭體制（Friedman,1993: 190-199）。

傳統東猶是夏斯黨的目標選民，他們多半來自北非，而民族宗教黨訴求的東猶則多半來自葉門與利比亞（Don-Yehiya，1998: 81-97）。支持夏斯黨的選民多半在國立宗教學校受教育，但他們並未完全整合進宗教復國主義次文化中，夏斯黨的領導階層多半是西猶，但是其支持者並非極端正統派（Haredim），甚至連正統派都不是（Don-Yehiya，1998: 81-97）。

第六節　世俗小黨支持直選案

總理直選案的提案人分佈在四個政黨，分別是兩大黨：勞工黨與利庫黨，另外兩個世俗小黨：Shinui黨及Tzomet黨，則各只有兩席席次。

Tzomet黨主張改革政府體系，以避免小黨在組閣協商過程中勒索大黨，並建立有效能的行政部門。新利庫黨領導人是Yitzhak Modai，該黨主張以公民投票決定國家議題，並且制訂憲法，採用三權分立制（Hermann, 1995: 277-292）。

以色列政黨之中，採取強烈安全取向，並認為應對阿拉伯人採強硬態度的有：Moledet黨、Tzomet黨等等。

Shinui黨於一九七七年之後離開DMC，由Amnon Rubinstein領導，是個溫和中間偏右的政黨，該黨主張自由企業、民營化和選制改革，它自稱是由勞工黨偏左陣營所組成，對以阿衝突採取鴿派的態度（Peretz & Doron, 1998; Diskin, 1989: p.77）。

自一九八一年選後，以色列可以分成兩大政治集團，一

邊是勞工黨領導的左翼和阿拉伯政黨，另一邊則是利庫黨領導的右翼民族主義者、宗教和機端正統派政黨。以色列的左右之分是指面對安全議題和以阿衝突時的態度，並非經濟議題（Doron & Harris,2000: 51-69）。以色列的右派並不是指社會經濟政策的綱領，而是指對於阿拉伯與以色列的衝突應採用軍事手段解決，並且主張擴張以色列的領土（Sprinzak,1993: 118）。

除了阿拉伯人政黨和極端正統派政黨以外，幾乎其他黨派都是在建國前就已經是復國主義運動的一派，一九八八年起，主張違背復國主義的政綱和主張種族主義皆是違法的，這其實是為了阻止極端敵視阿拉伯人的政黨Kzch of Meir Khana進入國會（Doron & Harris,2000: 51-69）。

修正派（Revisionist）主張，把所有巴勒斯坦土地都建立為猶太國，同時也反對勞工黨的社會政策，提倡中產階級殖民和更多私人投資以鼓勵國家發展，敵視馬克斯主義，但由於缺乏社會網絡和社會福利服務，因此無法發展成為類似Histadrut的大型組織。

Herut黨和其他非社會主義陣營提倡國有健保服務，取代Histadrut所控制的疾病基金（Peretz & Doron, 1998: 70-115）。

Tzomet黨由Rafael Eitan於一九八八年創立，強調乾淨政府（clean government），曾在一九九〇年至九二年擔任農業部長，強調選制改革，以及對水的緊急需求，吸引了許多年輕選民和軍人（Peretz & Doron, 1998: 212-230）。

一九九〇內閣危機期間，兩大黨都極力爭取自組最小獲勝內閣，輪到夏米爾籌組內閣時，擁有兩席議員的Tzomet黨議員Yoash Zidon向利庫黨開出條件，要求利庫黨支持總理直選案，後來，一九九一年及一九九二年總理夏米爾拒絕支持總理直選案時，Tzomet黨退出聯合內閣（Hermann, 1995: 277-292）。

　　一九九〇年春天，兩個運動發現彼此有共同合作的基礎，雙方都厭惡與不信任政治人物與政黨，但他們的道路有所分歧，制憲運動後來與利庫黨政治人物結合，例如Linn、Magen和Netanyahu，他們公開支持選制改革。政府改革運動則堅持反體制的立場，未與任何政黨結盟（Hermann, 1995: 277-292）。

　　Tzomet黨強烈支持選制改革，發誓要通過總理直選案，Tzomet黨於一九九〇年加入利庫黨領導的政府的條件之一，就是夏米爾保證讓利庫黨議員對該議題自由投票。Tzomet黨批評國防部讓正統政黨Tehiya黨的學生免服兵役的政策，Tzomet黨還反對政府預算的特別配置（special allocations）措施：由政府給予極端正統學校、機構和組織上百萬元預算補助等等。Tzomet黨的立場比較接近世俗，就像Ratz黨、Mapam黨和Shinui黨一樣（Bick, 1995: 79）。

　　農業部長Rafael Eitan（Tzomet黨）於一九九一年秋天為了選制改革辭去部長一職，選制改革是該黨於一九八八年選戰中發起的重要內政議題之一，總理直選法案由同黨議員Yoash Tsiddon和其他三黨議員共同發起。Eitan指責夏米爾背叛他，因為夏米爾原本保證讓黨籍議員在總理直選案時自由投票，以換取Tzomet黨加入利庫黨內閣（Bick, 1995: 73-74）。

　　不像西方民主國家，社會的主要議題是經濟與社會，在以色列，安全議題的優先性高過於經濟議題，鴿派選民傾向支持政府介入經濟活動，鷹派選民則傾向於自由經濟（Peretz & Doron, 1998: 118-145）。

　　勞工黨想藉直選拿下阿拉伯人的選票，Tzomet黨雖然是小黨，但是對宗教政黨享有的特權不滿，想藉直選削弱宗教政黨的影響力，而宗教政黨反對直選，提出「總理及其政府需在四十五天內得到國會的信任」作為不抵制直選案的交換條件。

在一九九二年的選戰中，候選人的個人訴求和競選策略使得Tzomet和勞工黨的獲勝，Tzomet贏得六席，在一九八八年時只有兩席，這可歸功於該黨領導人Rafael Eitan，他曾經與夏隆於一九八二年策劃入侵黎巴嫩，因而被視為是超級鷹派，反對歸還西岸和格藍高地。Eitan對於以巴衝突的簡化觀點吸引了年輕選民，比利庫黨還要鷹派，不過他在其他議題卻與勞工黨接近，例如主張政教分離，甚至主張廢除宗教建制（Peretz & Doron, 1998: 118-145）。雖然很難證明因果關係，但是一九九二年大選中獲勝的政黨都主張選制改革（Hermann, 1995: 277-292）。

第七節 一九九二年大選在即

一九九二年一月，執政聯盟的Tehiya黨和Moledet黨讓利庫黨政府垮台，以抗議政府決定與巴勒斯坦當局協商自治議題，因此必須在六月二十三日舉行國會改選，結束了有史以來最具民族主義色彩的聯合內閣（Bick, 1995: 73-74）。

二月二十七日，利庫黨公佈國會議員政黨提名名單，前四名的順序分別是夏米爾、艾倫、夏隆和李維，而李維的支持者也都被排在名單的最末位，李維宣稱他是夏米爾陰謀下的犧牲者，因為他們有反東猶的情結，到了三月，李維揚言脫黨並辭去外交部長的職務，雖然後來收回辭呈，但是對利庫黨已經造成傷害，讓民眾對利庫黨的觀感不佳，相對的，勞工黨在三月三十一日舉行黨員黨內初選產生政黨名單，給民眾乾淨清新的感覺（Elazar & Sandler, 1995: 18-20）。

勞工黨黨內初選是大民主化過程的一部份。一九九〇年勞工黨發動倒閣卻無法組閣，引起黨內領導權之爭，黨內亦要求改革，透過黨內民主吸引民眾入黨，其中拉賓贊成改革，

他認為可藉此不斷強調培瑞茲的失策,因此不適任黨內第一把交椅。

面對即將到來的選舉,勞工黨領導人拉賓以「直選」為主要訴求,也在國會推動支持總理直選案,事後證明,勞工黨的策略是成功的。

從較大的脈絡來看,培瑞茲是黨內鴿派,拉賓是黨內鷹派,隨著時間過去,鴿派在黨內影響力日增,但是熱衷於黨內鬥爭更勝於提出政策主張,可是當培瑞茲失敗後,黨內鴿派紛紛向拉賓靠攏,拉賓在黨內初選時的標語是「只有拉賓,我們才能贏(Only Rabin Can We Win)」,二月二十日勞工黨領導人黨員投票結果出爐,拉賓得到40.5%票,培瑞茲得到34%,在接下來的大選中,勞工黨採取拉賓的鷹派主張。

培瑞茲在黨內選舉失利後似乎承認其失敗,並允諾將與拉賓合作,四月一日國會政黨提名名單出爐,此舉增加黨員的參與感,也使名單更具代表性,增加許多年輕和東猶的面孔,一洗過去勞工黨偏向西猶和老人的形象(Inbar, 1995: 29-31; Bogdanor, 1993: 71)。

以色列於一九四八年有六十萬人口,到了一九九二年有四百萬人。一九九二年選舉前幾個月,民眾關心的焦點主要是以色列選舉制度改革法案,一九九二年三月十八日,國會通過基本法修正案,總理由人民直接選舉產生。民調顯示,民眾傾向支持新制度。勞工黨的競選策略之一就是把選戰塑造成勞工黨和利庫黨領導人之間的競賽,Tzomet黨也決定採取類似的策略,強調領導人Rafael Eitan的個人形象(Bick, 1995: 88)。

利庫黨內許多人知道民意要求改革,但是總理夏米爾於一九九二年二月十日要求黨籍議員將法案退回委員會,利庫黨的考量是,在現行聯合內閣的政治體系下,他們可以藉由與宗教政黨結盟而取得執政權,比較起來,如果讓受民眾歡

迎的拉賓和沒有群眾魅力的夏米爾做一對一的對決，再加上勞工黨較受阿拉伯選民支持，總理直選將不利利庫黨（Elazar & Sandler, 1995: 18-20）。

但由於擔心在六月的選舉被民眾唾棄，總理直選修正法案也在利庫黨的支持下過關了，只是必須在第十四屆國會選舉時才適用。勞工黨決定利用民眾要求改革的心裡，將直選視為一九九二年選舉時的策略，彷彿直選制已經在這次選舉中適用一般，選前，勞工黨透過黨員投票產生領導人，由拉賓獲勝，拉賓在接下來的大選選票上標明：「由拉賓領導的勞工黨（The Labor Party Headed by Rabin）」，藉此向選民展現誰支持改革，誰反對（Elazar & Sandler, 1995: 18-20）？

拉賓在一九九二年透過初選重新掌握勞工黨領導人地位，在大選期間，勞工黨拿下代表社會主義的紅色旗幟，降低舊左派的重要性，例如培瑞茲。拉賓偏好美式強調個人化的競選風格，所以他也支持總理直選法案，領導人之間的競爭將可淡化政黨色彩，也可限制小黨在組閣過程的影響力，一九九二年三月，國會通過總理直選案。

拉賓的表現也彷彿已經直選了一般，勞工黨的競選口號是「以色列正等著拉賓（Israel is Waiting for Rabin）」，拉賓，而不是他的黨或他的同事，成為競選過程中的焦點。五月十二日，拉賓決定將選票上加印「在拉賓的領導之下（under the leadership of Rabin）」，有別於過去選票上只印政黨的代表字母而已（Inbar, 1995: 29-31）。

一九九二年大選彷彿已經是總理直選一般，勞工黨的競選標語是「在拉賓領導之下的勞工黨」。選舉結果顯示，宗教政黨是輸家，一九八〇年代極端正統教派（Haredi ultra-orthodox parties）增加後濫用其政治影響力，要求基金補助其宗教機構、免除服兵役的義務並且通過宗教法案，這使得社會對他們的敵意增加。夏斯黨這個東猶極端正統教派政黨在

一九九〇年時曾經接受Schach拉比的意見拒絕加入勞工黨聯合政府，但在一九九二年選後置之不理，為了保障自己的利益而加入勞工黨聯合政府（Peters: 1-17）。

　　在波斯灣戰爭期間，以色列民眾發現他們缺乏有力的領導人，總理夏米爾很少出現在媒體上，民眾不知道政府要怎麼應付伊拉克對以色列的攻擊，伊拉克曾經發射五時枚地對地飛彈，對以色列構成很大的威脅。由於擔心這些飛彈帶有生化武器，許多民眾離開家園，以避開不確定的風險，國防體系已不管用，形成心理危機。拉賓很快地捕捉到領導權，當國防部發言人要求民眾待在自己家中時，拉賓公開抗拒，並在媒體前走進特拉維夫的地下避難所中，拉賓在這場戰爭中贏得了政治資本（Peretz & Doron, 1998: 244-268）。

　　一九九二年選舉期間，基於組織和個人因素，夏米爾以及利庫黨拒絕修改選舉制度，這違背了民眾的需求。此外，他還安插人員到國營企業高層任職。

　　勞工黨則削減傳統社會主義的取向，把紅色的旗幟換成藍色，在電視廣告中，培瑞茲僅出現一次，拉賓則是天天出現，政黨形象也改為：「由拉賓領導的勞工黨」，拉賓的肖像到處都是，並且使用「我」承諾取代「我們承諾」，其他標語還有：「以色列正等著拉賓」、「拉賓是唯一的希望」等等（Peretz & Doron, 1998: 244-268）。

　　有三個政黨在選舉期間將選制改革列為政綱，勞工黨、Tzomet黨和新利庫黨（New Liberal Party），也支持總理直選（Hermann, 1995: 277-292）。

　　勞工黨支持總理直選，主要是出自短期的選舉考量。利庫黨沒有清楚的決策，雖然總理夏米爾公開加以反對。勞工黨的在競選期間表現得好像是已經實施總理直選，口號是：「由拉賓領銜的勞工黨」（Shamir & Asher Arian, 1995: 5-13）。

　　拉賓在經濟社會項目中主張，把政府基金從沒有用的政

治屯墾轉移到投資經濟和社會發展，弔詭的是，這個社會民主主義政黨開始提倡大量的民營化政策。

一九九二年的選戰中，夏斯黨也加入角逐阿拉伯選票的行列，該黨之所以能取代民族宗教黨，不只是猶太選票的轉變，還包括阿拉伯人選票的轉變。透過控制內政部，夏斯黨為政治徵集贏得了重要工具，當阿拉伯人高度仰賴內政部時。阿拉伯人受限於進入國家機構的機會，地方當局成為分配資源的重要管道。

傳統上，以色列阿拉伯人較傾向與左翼政黨結盟，然而，自從一九七七年利庫黨掌權後，情況有些許改變，一九九二年選舉，有百分之十八點一的阿拉伯選民投給右翼政黨（Al-Haj, 1995: 152）。

改革法案要求把總理自國會中分離出來，在舊制度下，總理必須仰賴結盟的政黨，各政黨具有關鍵（pivot）的位置，企圖將政策拉向對自己有力的方向，形成勒索（blackmail）政府的現象。宗教小黨所要求的是由國家基金補助其教育機構，這已成為以色列的政治儀式，而總理直選將使總理脫離這種結盟壓力，並且遴選專業人士入閣，當然，總理還是必須得到國會的多數支持。

夏米爾及其支持者反對改革法案，他害怕與拉賓進行一對一的對決，一九九一年的民調加深了這種恐懼。取而代之的是，他主張「建設性不信任投票」制度，不過這個提案並不為利庫黨以外的人們所接受，因此，夏米爾於一九九一年一月要求黨籍議員將該案退回委員會，然而，此項拖延戰術並未奏效，選制改革成為重要的政治議題，也是勞工黨用來攻擊利庫黨的重要武器，一九九二年三月十八日，國會終於通過新的基本法。

相形之下，利庫黨太晚表態支持總理直選案，勞工黨的競選策略就是假設已經開始實施總理直選制了，把拉賓塑造

成與利庫黨一對一對決的形象，拉賓在演說時的用語經常提到：「由我領導的專業政府」、「我對選民負責」等等，六月二十三日選舉結果揭曉，證明此一策略成功。而部分利庫黨議員也要求以黨內初選的方法產生黨的領導人。利庫黨一直到一九九三年三月才舉行黨內初選，贏得黨領導人者將代表利庫黨出馬競選總理（Peters: 1-17）。

　　一九九二年，為了因應席次分配門檻從1%調高到1.5%，有兩個結盟集團出現，Meretz是由Ratz、Mapam和Shinui組成，Yadut Hatorha黨則是由Agudat Israel和Degel Hatorha組成，前者贏得九席，後者贏得四席（Doron & Harris,2000: 51-69）。

　　一九九二年選後，夏斯黨成為以色列政治領域中間的位置，夏斯黨從聯合政府的協商中得到最大的利益，夏斯黨自認為不是政黨，而是宗教運動，吸引了東猶社群的族群驕傲和宗教傳統，夏斯黨描寫自己是人民運動（peoples movement），為了社會與精神復興而努力。夏斯黨所提供的教育架構協助個人以及整個家庭「回到」宗教根基，父母與子女代代相傳，讓一個家庭當中各世代之間更緊密地結合（Willis, 1995: 122-126）。

　　一九九二年選後，左翼陣營重新掌權，它包含兩部分，首先包括兩個世俗復國主義政黨，勞工黨和Meretz黨，Meretz黨由三個黨組成，包括Ratz、Mapam和Shinui黨，第二個成分是阿拉伯政黨，包括Hadash（新共產黨）和民主阿拉伯黨（Peretz & Doron, 1998: 70-115）。

　　右翼陣營由世俗和宗教政黨所組成，前者包含民族主義政黨：利庫黨、極端民族主義政黨Tzomet和Moledet，而右翼宗教政黨則有民族宗教黨（西猶極端正統派）以及東猶正統派夏斯黨（Peretz & Doron, 1998: 70-115）。

　　一九九二年選後，拉賓有意找Tzomet黨入閣，比避免來

自右翼的攻擊，但是並未奏效。Tzomet領導人Rafael Eitan拒絕改變他反對與巴勒斯坦人協商的態度，他要求擔任國防部長或教育部長，但是都未能如願。教育部長由Meretz黨的領導人Shulamit Aloni擔任，他主張政教分離，但是宗教政黨無法接受他，向拉賓施壓，結果無功而返。因此，唯一入閣的宗教政黨是夏斯黨（Peretz & Doron, 1998: 244-268）。

　　從一九九二年大選情況來看，鷹派與鴿派之分背後帶有宗教世俗分歧的成分，宗教復國主義和極端正統派站在鷹派這一邊，世俗派則傾向鴿派這一邊（Hazan, 2000: 124-128）。

第四章　新選制

第一節　總理直選案過關的過程

一九八〇年代，宗教小黨在組閣協商過程中擁有不成比例的影響力，弱化了總理在全國性公共政策上的權威，有鑑於此，一群法律學者組成草根運動團體，希望透過制度改革矯正這些現象（Machmias & Sened, 1999: 269-294）。他們主張制憲運動，他們組成團體進行遊說工作，曾有上萬人走上街頭支持制憲運動，憲法議題成為以色列公共議程，最後妥協的結果是國會在未來修改一系列基本法（Cohen & Susser, 2000: 73-99）。

由於比例代表制使得國會小黨林立，沒有一個政黨贏得過半的席次，也使得最大黨必須與其他政黨協商籌組聯合內閣。協商過程通常涉及兩種代價：政府職位以及政策，為了贏得小黨的支持，結盟政黨會以職位交換政府欲通過的政策，政策修正經常導致內閣瓦解，尤其是當政府職位無法補償反對這些政策的政黨時（Machmias & Sened, 1999: 269-294）。

選制改革是在一九八〇年代正式成為以色列政治議程，一九八四年，一個由Uriel Reichmann教授領導的改革團體成立了，許多選制改革方案源出自該團體。選制改革普受歡迎，不分左右的小黨也支持，但是在左右間扮演平衡作用的宗教政黨卻不這麼認為，例如民族宗教黨，他們首要之務是確保其選民的利益（Yitzhak Klein, 1993: 50-58）。

特拉維夫大學教授Reichman於一九八五年組織「為以色列制憲（Constitution for Israel）」團體，主張選制改革，採用

德國兩票制。勞工黨國會議員Ya'acobi於一九七五年開始遊說選制改革，他們主張建立地方選區。

後來Reichman與Ya'acobi兩位國會議員的提案都進入國會一讀，一九八八年組閣協商過程中，兩大黨都同意組委員會加以討論，由Ya'acobi擔任主席，並在一九九〇年提出決議。提案主張全國分成二十個選區，每區三名，其餘六十人由全國比例代表制選出，政黨分配席次的門檻是百分之三點三，但由於一九九〇年的三月危機，這個委員會便解散了（Peretz & Doron, 1998: 118-145; Doron & Barrykay, 1995: 300-313; Hermann, 1995: 277-292）。

一九八八年選後，兩大黨合組一個委員會討論選制改革事宜，由Ya'acobi擔任主席，到了一九九〇年，委員會整合出一套方案，將全國化分成二十個選區，每區產生三名國會議員，共六十名，另外六十名則由全國不分區產生，而只有贏得百分之三點三全國選票的政黨才能讓地方選出的議員送進國會，如果有一個政黨贏得兩席地方席次，而得到百分之五的全國選票，則該黨可以分配六席，兩席來自地方，四席來自全國不分區，如果該黨在地方贏得六席，則全數由地方議員進入國會（Doron & Barrykay, 1995: 300-313）。

一九八四與一九八八年全民政府期間曾組成特別委員會討論選制改革，這段期間對兩大黨而言是從事選制改革的理想時機，但是又顧慮到宗教政黨（潛在的盟友）的反對，最後以召開委員會的方式解決（Arian, 1998: 178-205）。

一九八八年選前，選制改革方案通過國會一讀，內容是選區制與全國不分區的混和制，這項提議會危及小黨（特別是宗教黨）未來的席次，故受到宗教政黨的反對，他們要求夏米爾阻止進一步的修法行動，提醒他執政聯盟必須仰賴宗教政黨的支持（Arian, 1998: 178-205）。

若要捕捉政治改革的完整意義，必須採用兩種檢視角

度，第一個角度是改革陣營把焦點放在選制改革；第二個角度是推動改革的運作模式，他們採取國會外政治抗議的方式進行。

一九八四年選後，政治僵局以及政黨之間的利益交換促使公眾形成為以色列國制憲的運動，他們嘗試搜尋強化政治人物責任感的方法，希望減少對聯盟的依賴，不過，在接下來的兩年中，並沒有什麼具體的進展（Hermann, 1995: 277-292）。

一九八六年，憲法起草委員會（Constitution Drafting Committee）成立，主要是由特拉維夫大學法律係教授所組成，該計畫於一九八七年夏天公諸於眾，目標有二：一是選舉制度，另一則是基本法當中的人權篇。這兩個議題都是在處理執政當局與民間社會之間的關係，並且限制政府的權力，前者主張設置地方選區，增加政治人物對選民的責任感，後者則是防止當局濫用權力，以保護民眾的公民權。公眾的態度是正面的，一九八七年十一月，一項民意調查顯示，有百分之六十五點八的民眾支持制訂憲法。

一九八七年九月，一群由法律學者和政治學者所組成的團體，聲稱以色列欠缺憲法以及政治體系功能不完善，故自發性地提議起草憲法，這個草案的重要特徵是將議會制與總統制綜合（synthesis）起來，即parliadential制（Susser, 1989）。這群教授所提出的憲法草案主要有三項主張（Brichta, 1998: 185）：

首先，參考西德混合制的原則，建議以色列分成六十個單一選區，採相對多數決，產生六十席議員，剩下六十席則由全國政黨名單比例制產生，分配席次的門檻提高到2.5%，各黨總席次由該黨第二票得票率決定，但至少可獲得地方當選席次；例如某黨得到50%選票，而該黨在地方贏得四十席，那麼可再由政黨名單中遞補二十席，共六十席。

第二個提議是採用成文憲法，其中包含人權法案。

第三個提議則是總理直選，這將使現行議會制變成混合的總理─議會制。

民調（Brichta, 1998: 184）顯示，一九六五年只有29%民眾要求改革制度，到了一九八七年，支持改革的比例提高到69%。有鑑於這麼多公眾支持，四十四位不分黨派議員決定共同合作提出修改現行選制的提案，但是他們僅談到要把議案送交法律與憲法委員會時便停頓了。

一九八八年六月十四日國會以六十九票對三十七票一讀通過選舉法修正案，這不是國會第一次遭遇選舉法的提案，但是前兩次（一九七二年七月十二日、一九七四年四月三日）僅通過預讀而已，就在立法與法律委員會被阻擋了，但這次，民意的壓力使委員會通過法案送入院會中。

除了教授們的提議，選制改革的草案有兩種版本，一是由國會議員Mordechai Virshuvski所提的草案，另一則是由一群特拉維夫大學法學教授所提（Diskin,1991）。

前者主張全國劃成二十個複數選區，每一區產生四席，共八十席，另外四十席由全國不分區產生，此案並沒有提出詳細的地方選區選舉方法，不過在預讀會時，有人提議不論全國選區或地方選區皆以名單比例代表制為之。

後者主張全國劃成六十個單一席次選區，採用相對多數決。選民可以投第二票產生全國不分區政黨名單。這讓個別候選人可在地方被選出，也可產生關照全國利益的政黨名單。假如某政黨在地方選區沒有人獲勝，但是在全國選區獲得5%選票，則必須在六十席全國不分區中分得六席，必須讓政黨所有當選人都進入國會，縱然總席次因而超過一百二十席。政黨分配席次的門檻為2.5%。

大學教授們的提案偏好以個人為主的選舉制度，而又基於其他理由主張比例性，半數國會議員由全國名單中產生，

另一半則是在單一選區中產生。

　　混和制的目標是希望讓全國選票達到最公平的比例性，包括地方選區和全國選區。但事實上，如果地方選區的席次是由該區有效票來決定，而不是由全國選區來決定的話，混和制不必然能達成比例性的目標，若要達到比例性，需採用德國制。

　　雖然兩個提案都會減少小黨的席次，但若以當時的選票分佈為基礎來模擬的話，兩大黨在組閣時仍然要仰賴小黨的意願。當然，我們無法事先預期在改變選舉制度後，會確保某個聯合政府形成或失敗。很清楚的，如前所述，任何企圖藉由修改選舉制度以削弱小黨勒索的行為都過於樂觀（Diskin,1991）。

　　原本選制改革派訴求的改變有兩個部分，首先是設置地方選區，其次則是總理直選，由於有諸多現實層面限制，例如現任國會議員的既得利益，許多選制改革的支持者轉而支持其他憲政架構的改革方案。在一九八八年十一月一日第十二屆國會選後，兩大黨簽署組閣協議時，曾提到改變以色列政府制度的可能性，有些國會議員建議總理直選制，當時之所以有這個提議也是因為看到宗教政黨在該次國會選後的所享有的誇大權力，於是兩大黨在一九八九年組成「兩黨委員會」以做為將來提出選制改革草案的準備（Diskin, 1991;Doron & Barrykay, 1995: 300-313）。

　　而且這群教授也知道有關選制改革的提案沒有機會在國會通過，因為中小型政黨，尤其是宗教政黨會堅定地反對，現任議員和專業政治人物害怕任何選制規則的變化會對他們在改選時不利。而強烈的反對聲音主要來自宗教政黨，他們反對世俗的成文憲法以及其中的人權法案。於是，這群教授再度集結組成一個草根運動團體，名為「制憲公共委員會」（Public Committee for a Constitution for Israel），把主力放到

第三項主張：總理直選（Brichta, 1998: 185），但由於一九九〇年春天爆發內閣危機，選制改革的工作暫時停頓下來。

總理直選削減了小黨或個別議員控制國家未來的可能性，直選的用意是要讓總理當選人組閣，而不必經過協商的過程，小黨之間會自行競爭誰能夠入閣，在這種情境下，小黨的槓桿力量被削弱了（Cohen & Susser, 2000: 73-99）。

總理直選可以減低小黨的糾纏，特別是宗教政黨，也就是說，把權力重回給多數決產生的總理。總理直選把權力從政治菁英手中交還給人民，政治菁英將不再是代表各自的利益。直選除了弱化小黨在協商時的位置，也削弱小黨入閣後的威脅，在舊制度下，小黨威脅退出內閣是很有力的工具。而且新制度規定，倒閣的同時也解散國會，害怕失去議員席次的動機使得議員比較不會挑戰總理（Cohen & Susser, 2000: 73-99）。

在一九九〇年三月危機時，總理直選成為顯著的議題，由四名國會議員加以推動，其中Tzomet黨議員以此做為加入利庫黨內閣條件，當夏米爾不遵守這項協議時，Tzomet黨離開執政聯盟。

Tzomet黨的改革提議主張將總理從國會中分離出來，由人民直接選舉產生並且組成自己的政府，總理因而比較不需要仰賴結盟政治，小黨也比較不能獲得額外的利益，政府可以挑選專業人士執行政策，雖然法案仍然需要獲得國會的通過（Peretz & Doron, 1998: 118-145）。

一九九〇年三月，第二次全民政府破局，這次倒閣行動被拉賓形容為「骯髒詭計（dirty tricks）」，改革陣營（此刻仍是制憲運動）進入第三階段，手段也更激烈，群眾展開絕食罷工，受到媒體廣泛的報導，他們要求民選政治人物應該具有責任感（Hermann, 1995: 277-292）。

骯髒詭計使得民眾走上街頭，要求政治人物傾聽人民的

聲音。公眾很快地加入改革陣營，學生們在校園裡示威抗議，全國各地民眾也組成小團體要求改革，展開連署簽名活動。四月七日，超過十萬名群眾聚集在特拉維夫要求改革（Hermann, 1995: 277-292）。

一九九〇年三月十九日，不信任案通過後四天，國會預讀會（preliminary）也通過四位議員提出的選制改革法案，四位議員分別是Uriel Lynn（利庫黨）、David Libai（勞工黨）、Amnon Rubinstein（鴿派小黨Shinui黨）、Yoash Tsiddon（鷹派小黨Tzomet黨），這四個法案的共同點是都主張總理直選，希望藉此削弱宗教小黨的影響力，而這兩個小黨主張保留比例代表制（Diskin & Diskin: 1995: 41）。

一九九〇年內閣危機之後，公眾對政治人物感到不滿，總統以他的名聲支持改革，有六十萬民眾簽名，將近百分之二十的選民。一九九〇年有四位議員提案主張總理直選，這四案後來合併為一個版本，四名議員成為共同提案人（Yitzhak Klein, 1993: 50-58）。

一九九〇年春天，兩個運動發現彼此有共同合作的基礎，雙方都厭惡與不信任政治人物與政黨，但他們的道路有所分岐，制憲運動後來與利庫黨政治人物結合，例如Linn、Magen和Netanyahu，他們公開支持選制改革。政府改革運動則堅持反體制的立場，未與任何政黨結盟（Hermann, 1995: 277-292）。

選制改革法案提案人有四位議員，分別是David Leba'i、Uriel Lynn、Amon Rubenstein和Yoash Tzidon，前三人是律師，Yzidon是工程師（Doron & Harris,2000: 71-89）。

四位不同政黨的議員將四個不同議案整合為一，稱為總理直選案，經歷委員會、院會的辯論後，該案於一九九二年一月八日通過二讀，於三月十八日以55票對23票通過三讀，自第十四屆國會改選（一九九六年）開始實施（Brichta, 1998: 185）。

　　對於選制改革，夏米爾的利庫黨偏好英國首相制（prime ministerial government），又稱「總理自動提名制」（Automatic nomination of the prime minister），此制是指選後由最大黨的黨主席出面組閣，好處是可避免選後還得看小黨臉色才知道由誰組閣；勞工黨則偏好總理直選制。民調（Hazan, 1996: 28）顯示，80％民眾支持總理直選，三分之二的利庫黨支持者也支持總理直選，而有相當大比例的民眾表示不會把票投給反對改革的政黨。

　　以往，每個潛在的盟友都會獲取極大化的利益，威脅著聯盟的建立或存續，而宗教政黨總是成功地贏得大黨的妥協讓步，因為他們的立場搖擺（swing），特別是當該內閣是剛剛好過半時。支持總理直選的人認為，直選可讓總理在組閣過程中更有權力，在選後便知道誰是政府首長（Doron & Harris, 2000: 71-89）。

　　選制改革不只是政治議題，還變成勞工黨用來對付利庫黨的選戰武器，利庫黨在議會採取拖延戰術，削弱了選民對利庫黨支持改革的觀感，如果在散會前一事無成的話，勞工黨將在一九九二年六月舉行的選舉中取得優勢。尤有甚者，直選被視為是真正（real）的變革，幾乎是治癒整個體系的萬靈丹（panacea），而總理自動提名制被視為是迫於公眾壓力的政治思想。況且，兩大黨已向小黨保證，不會修改國會的選舉制度，為此，已沒有其他選擇，只得從修改總理選制著手。最後，總理直選法案已經通過立法程序，而英國首相制卻尚未展開立法程序。由於只有總理直選制進入立法程序，總理自動提名制則尚未被提案，當會期即將結束之際，議員只得就這個新法案，也是唯一留在政治場域的法案表決（Hazan, 1996: 28）。

　　改革派預期總理直選將帶來比較穩定和有效率的政府，並且把行政首長選擇權交還給選民，確保總理受到委任以及

具備正當性。多數決被期望能教育並促成溫和的候選人，減少極端的多黨體系，減少小黨不成比例的政治權力，促進行政—立法合作（Hazan, 1996: 28）。

　　任何選舉制度都必須在幾個競爭性價值之間取得平衡，包括公平性、責任感（responsibility）和政治效能（political efficacy）。公平性處理的事浪費選票的問題；責任感是指民選官員任期應由選區決定；政治效能是指政治體系要能回應公眾關心之事。

　　單一選區制著眼於統治穩定性，比例代表制提倡代表性。大部分的選制改革方案同時包含「議員以選區制產生」以及「行政部門首長由直選產生」兩個目標，但是這兩個目標對以色列而言都是激進的變革，首先，選區制將犧牲公平原則，傷害小黨的生存；其次，以色列從未有行政部門從國會分離出來的經驗。

　　學者Klein指出，選制改革的主要目標是強化行政部門，把行政部門從立法部門釋放出來，改革草案的要點有（Yitzhak Klein, 1993: 50-58）：

1. 政府首長由人民直接選舉產生，並且應與國會同時改選，獲得超過百分之四十選票的人當選，否則就舉行第二輪選舉。
2. 總理候選人必須獲得至少二十位現任議員獲二十萬選民連署簽名。
3. 總理得任命和解除部長職務，國會得以多數決約束政府決策。
4. 國會得以七十一席通過不信案倒閣，國會同時改選；此外，總理辭職時，國會也要同時改選。

　　過去，其他提案還包括採用德國制等等，但是有關國會議員選制改革的部分從未進入二讀過，除了一九九二年曾經通過分配席次門檻提高到1.5%。

　　勞工黨動用黨紀支持本案，但利庫黨並未這麼做，這是因為總理夏米爾反對直選，同黨的國會法律與憲法委員會主席Uriel Lynn則大力推動本案，他也是提案人之一。

　　不過，最後通過的法案與改革派的原意不同，過關的法案規定國會可以通過不信任案，但是自身不需解散改選，而在顧慮夏米爾的情況下，新制度不立即在一九九二年實施，改在次一屆（一九九六年）實施（Yitzhak Klein, 1993: 50-58）。

　　以色列選制改革是民主國家成功的例子，選民在一九八〇年代後半段逐漸聚集能量，一九九〇年春天，民眾觀感變得更廣泛、更深刻、組織良好目標清楚。有幾個因素使改革得以成功：

　　改革派的策略運用得宜（intellident）：一九九〇年以前，改革的提議同時主張議員和總理皆由直選產生，但議員直選對小黨的影響比總理直選來得大，很少有小黨期待自己會贏得總理一職。於是，改革派決定先以總理直選為目標，待強化行政部門之後再推動改革會更容易。

　　其次則是**得到廣泛光譜的支持**：選制改革之所以會成功主要歸功於勞工黨，勞工黨把選制改革變成是自己的議題藉此換取選票，它不只支持總理直選還採用黨內初選，勞工黨冒著宗教政黨會生氣的危險主張直選（Yitzhak Klein, 1993: 50-58）。

　　以色列選制改革在本質上是系統的（systemic），它改變了政治和經濟的遊戲規則，動員廣泛的群眾支持，當這種動員發生時，政治人物承受不尋常的風險以執行公眾的要求，相反的，限制這樣的動員便限制了改革的成果。選制改革並不會影響一般大眾的日常生活，但是受到一九九〇年春天的情境影響，成千上萬的民眾參與政治活動（Yitzhak Klein, 1993: 58-60）。

　　但廣泛的動員群眾只是工具，民眾容易受到一些簡單

的議題影響，例如：「結束通貨膨脹！」或「改革腐敗的體制！」一九八五年總經穩定計畫和一九九二年選制改革都是很複雜的計畫，由一群學術專家研擬，再由一小群政治領導人執行，他們只知道部分內容。

改革不能僅是包裝和推銷給民眾，尤其是沒什麼機會過關的法案，經濟學家或許可以寫出一套理論，但是民眾不會關心經濟學家寫了些什麼。持續的改革需要政治領導，一個被民眾所信賴，能將複雜事實簡化的領導人（Yitzhak Klein, 1993: 58-60）。

總統制可以保證行政穩定性，但無法確保行政與立法兩部門的關係和諧，特別是當立法部門掌握在另一個政黨手中時。而議會制的總理由議會產生，因此行政的穩定是可以預期的。改革者希望藉由總理直選讓總理可以從與中小型政黨協商的壓力下釋放出來，政黨伙伴必須與民選總理合作，因為別無人選，支持改革的人也希望藉此減少政黨的數目。比例代表制與政府穩定這兩者難以兼顧（Arian, 1998: 178-205）。

一九九一年六月十九日，國會的法律、憲法與司法委員會完成總理直選案的辯論工作，送交大會進行二讀與三讀程序，支持政府改革的團體在報紙刊登廣告，在各街道張貼廣告標語。很明顯的，改革陣營與兩大黨之間的關係是不同的，由於是執政黨，利庫黨成為被批評的目標，況且，總理夏米爾還公開反對選制改革（Hermann, 1995: 277-292）。

一九八八年下半年是該運動與政治建制之間關係的低潮，改革法案一讀通過後即充耳不聞，有一個因素可以解釋一九八八年六月至十一月間，政府不情願地處理法案的態度：因為宗教政黨威脅，如果改革議題不就此打住的話，在一九八八年選後將不會加入執政聯盟。改革陣營對此非常失望，並且指責政治人物此種被判的表現政足以顯示出政治人物的機會主義傾向（Hermann, 1995: 277-292）。

　　總理直選對以色列政體而言是一大轉變，此外，比較顯著的改變還有：將政黨分配席次的門檻提高到百分之一點五；在政黨層次，勞工黨採用黨內初選制，由黨員選擇政黨的提名名單（Doron & Barrykay, 1995: 300-313）。

　　一九九二年三月十八日，國會通過總理直選案，自第十四屆國會改選時開始實施（Doron & Harris, 2000: 71-89）。總理直選後的組閣協商過程中，小黨別無選擇，必須與總理當選人協商。小黨的選擇只有加入或不加入，入閣意味著影響力、預算、特權、部長席位等等，不入閣意味著無能為力，毫不相干。

　　新制度解決了傳統政府安排的難題，小的聯盟伙伴會使自己成為組成聯盟的關鍵政黨，緩和潛在不穩定和政府無效率的情況。雖然新制度讓總理類似總統，但總理仍須贏得內閣閣員的多數支持，但新制度的動態性可避免僵局（Susser, 1989）。

　　總理直選使總理當選人和國會多數黨是不同政黨的情況成為可能，如果總理未能在四十五天內組閣，必須重新舉行選舉；過去是由總統徵詢第二大黨出面組閣。許多分析家和法律權威希望總理直選能降低小黨的影響，讓聯盟更穩定。但是情況可能反過來，當總理非得仰賴某小黨才能組閣時，他必須給該黨更多的回報（Garfinkle, 1997）。

　　在舊制度下，執政聯盟中的小黨若威脅不支持政府，除非滿足其秘密要求，政府只有兩種選擇：有條件投降（capitulate）或垮台。在以色列，大多數情況是有條件投降。這些威脅創造了離心力，並導致嚴重的問題，它經常使總理無法扮演救火員的角色，因為他自己便是大火中的一員。新制度將可拒絕小黨的威脅而不會解散，允許政府低於50%加一票的支持而不用擔心被倒閣，政府可以從小黨威脅退出聯盟或不加入未來聯盟的恐懼中釋放出來，頑強的部長會被解職（Susser, 1989）。

撇開諸多考量後，當總理面對一個無法替換的敵對多數時，根據擬議中的憲法，總理還有一個最後的工具打破僵局：自行辭職。如此一來將扣下行政和議會同時改選的扳機。

新制度提供解決問題的可能性，它強化分歧社會中的領導能力而不必擔心僵局的危險。不容否認的是，新制度仍有粗糙之處，例如：若行政部門被視為政府全體而總理由直選產生，總理可以未經內閣同意而辭職嗎？直選總理可以被議會去職嗎？不論如何，新制度企圖把議會制和總統制的優點結合在一起（Susser, 1989）。

總理直選的目的是希望選民把票投給大黨，例如選民在投總理候選人時，也會順便支持該總理候選人所屬政黨。改革者的假設可能是：一、選民懶得分裂投票；二、選民為了讓總理好做事，所以不會分裂投票。不過這兩個假設似乎都沒有實現（Doron & Harris, 2000: 84）。

在以色列，提高門檻是不可能的，小黨必定為此奮戰到底，但是為什麼小黨會支持總理直選，因為他們相信在新制度下不會消失，也許他們自信其所代表的偏狹利益會讓他們繼續生存下去（Doron & Harris,2000: 71-89），

不過制度變遷並沒有達成原來的目的，首先，小黨在三個階段可以壓迫大黨接受小黨的政策偏好，分別是在第一輪投票前、第二輪投票前以及組閣協商過程中。

其次，大黨失去了國會的席次，在舊制度時期，是由最大黨出面組閣，選民意識到這個情況，會在投票時投給自己陣營的最大黨，在新制度，選民可以放心地把議員票投給心中最喜愛的政黨（Machmias & Sened, 1999: 269-294）。

第三個理由是不信任案的耗損。

支持總理直選的改革者希望透過總理直選強化總理辦公室，並且縮小小黨的影響力，增加總理的統治能力，穩定以色列的民主政治。不過，改革者當初沒有發現，在新制度下，

選民可以進行分裂投票（Doron & Harris, 2000: 71-89）。

　　改革結果看起來像是要保護議會而不是增進政府效能，勞工黨支持總理直選出自短期的選舉考量，而利庫黨的夏米爾反對，但納坦雅胡贊成（Arian, 1998: 178-205）。

　　歸納起來，從表4-1可以看出，支持總理直選案與否，大小政黨都有支持者，也有反對者；若是從表4-2來看，即可發現，支持總理直選案者皆為世俗政黨，反對直選案者為宗教政黨，世俗政黨中，只有當事人利庫黨總理夏米爾反對。

表4-1　大、小政黨對總理直選案的態度

	大黨	小黨
贊成直選	勞工黨 利庫黨	Shinui黨 Tzomet黨
反對直選		民族宗教黨（NRP） 夏斯黨（Shas）

表4-2　世俗與宗教政黨對直選案的態度

	世俗政黨	宗教政黨
贊成直選	勞工黨 利庫黨 Shinui黨 Tzomet黨	
反對直選		國家宗教黨（NRP） 夏斯黨（Shas）

第二節 新選制的內容

新基本法加強總理的權力，使他的地位高於其他議員（first above unequals），他決定部長們的角色，可以轉移基本法未明載的權力和責任從某個部長到另一個部長。總理可建立永久或暫時的內閣委員會。基本法也為國會增加某些重要權力，國會被允許監督立法以及擴大控制國家緊急狀態的宣告。

新基本法自第十四屆國會（一九九六年）選舉生效，政府開始實施新的總理─議會制架構。據此，總理由全國普選產生，並採用直接、平等、秘密投票。部長由總理任命，但需經國會同意。如果國會拒絕政府組成，視同對總理表達不信任，總理必須去職。同時，國會必須解散，並在六十天內與總理一同改選。如果預算案送交國會三個月內未能過關亦需改選（Brichta, 1998: 186-188）。

國會議員與總理於同一天選舉，除非總理因故去職，例如遭到彈劾、國會以80票以上票數令其去職、辭職、不能視事或喪失議員身份。如有上述情況，則單獨舉行總理選舉，新總理任期至原國會任滿為止。

在候選人的資格部分，總理候選人必須年滿三十歲，必須同時是議員候選人或現任議員，名列該黨議員名單首位，否則必須獲得至少十位議員連署或五萬名具選舉權的公民連署（Brichta, 1998: 186-188）。總理候選人必須年滿三十歲，並且需有國會議員資格，如果雙方同時選舉，則總理必須是該黨名單第一名，如果只有總理改選，則他必須是現任議員或是得到十位現任議員的連署支持，或是得到五萬公民的連署支持方能參選，此外，凡是已經連續擔任總理七年者，不得參與下屆總理大選（Arian, 1998: 240-250）。

　　獲得超過50%選票者當選總理，若無人獲得絕對多數票，由前兩名進入第二輪投票，第二輪投票於兩週後舉行，由獲得相對多數選票者當選（Brichta, 1998: 186-188）。

　　如果沒有候選人獲得過半數選票，得票最高的兩人必須再舉行第二輪選舉。第二輪投票以相對多數決即可。當選人必須在45天內向國會提出閣員名單，並獲得信任投票。若45天內未能順利組閣，必須在60天內重新舉行總理選舉，候選人必須是同一批人，若仍未在45天內組閣，就應舉行第三次總理選舉，此時候選人不必是同一批人（Mahler, 1997）。

　　為了權力平衡，國會得以至少61席通過不信任案令總理去職，而為了避免僵局，確保政府有效運作，總理得在總統（由國會選舉產生的虛位元首）同意後解散國會（Brichta, 1998: 186-188）。

　　民選總理的閣員仍須獲得國會同意，內閣部長至少八人，最多十八人，包括總理在內，且至少半數必須由國會議員擔任。總理可令部長去職，國會也可以以七十票令部長去職，假如內閣未得到國會信任，則總理與國會皆須在六十天內改選，如果這位總理候選人再度當選，卻未能獲得國會信任，則不得參加第三次改選（Machmias & Sened, 1999: 269-294）。

　　在新制度下，除了四年任期屆滿，國會有可能在下列情況被解散）（Mahler, 1997）：

1. 國會拒絕總理所提閣員名單；
2. 國會以61席多數表達對總理的不信任案；
3. 國會無法在會計年度開始的三個月內通過預算；
4. 國會自己解散自己；
5. 總理在知會總統後辭職並解散國會。

在新制度下，除了四年任期屆滿，總理選舉有可能在下列情況舉行：

1. 國會以80席多數撤職（remove）總理的職位）；
2. 國會以相對多數撤職總理的職位，當總理因犯罪被定罪時；
3. 總理無法任命至少8名閣員組閣；
4. 總理死亡或永久無法視事時。

在新制度下，有可能發生總理和國會分別由不同政黨獲勝的情況；此外，國會若要「開除」總理必須超過80票，而不是以往的簡單多數決。總理直選對政治體系造成下列顯著的影響）：

1. 總理直選可能導致總理與國會最大黨不同黨；
2. 直選後的組閣協商過程比以往需要更清晰地結盟，尤其是要提高選票數的過程；
3. 在國會議員選舉部分，選民會更放心地把票投給小黨。

新選制在兩個部分強化了總理的協商權力，首先是總理直接民選，其次，新法規定，不信任案必須以絕對多數通過，當不信任案通過時也同時解散國會，除非國會以八十一席通過不信任案才不必解散國會（Machmias & Sened, 1999: 269-294）。

國會可用八十票令總理去職；此外，總理可在總統同意下解散國會，但同時也要改選總理；國會也可以用六十一票通過不信任案，或是不通過預算案，如此一來將同時舉行總理與國會改選。政黨名單必須在選前三十五天提出，中選會由各政黨代表依比例所組成。選民不得變更名單上的順序。以色列從未舉辦過公民投票（Arian, 1998: 178-205）。

第三節　恢復舊制

　　以色列於一九九六年以來，共舉行過三次總理直選，採絕對多數制，從選舉結果來看，三次選舉，當選人皆在第一輪投票時皆以過半數選票當選總理。首位民選總理是納坦雅胡（Benjamin Netanyahu）；一九九九年再度舉行總理直選，由巴瑞克（Ehud Barak）當選；二〇〇一年改選總理，由夏隆（Ariel Sharon）當選（歷次總理選舉結果如表4-3）。

　　二〇〇一年三月七日，也就是夏隆當選總理後不久，以色列國會表決通過修改基本法，取修總理直選制，恢復成舊制，這項修正案是由利庫黨籍議員Uzi Landau領銜提出，兩大黨各只有一名議員反對取消總理直選制，但小黨如正統派政黨夏斯黨（Shas）和反正統派的世俗政黨Shinui黨都反對取消總理直選制，Shinui黨原本支持總理直選制，夏斯黨當年則反對總理直選制（New York Times, 2001）。

表4-3　以色列歷次總理直選開票結果

時間	候選人	得票數	得票率
1996年	Benjamin Netanyahu	1,501,023	50.49%
	Shimon Peres	1,471,566	49.51%
1999年	Ehud Barak	1,791,020	56.08%
	Benjamin Netanyahu	1,402,474	43.92%
2001年	Ariel Sharon	1,698,077	62.39%
	Ehud Barak	1,023,944	37.61%

整理：林東璟

資料來源：以色列國會網站（http://www.knesset.gov.il/elections01/eresults.htm）

　　總理直選制之所以遭到廢除，是因為自實施以來，大黨雖然能繼續當選總理，但是國會議員的席次卻不斷滑落，而小黨的席次卻不斷增加，使得國會各方勢力更加分散。舉例

來說，利庫黨於一九九二年選後尚有三十二席，到了一九九九年選後只剩下十九席；反觀小黨，夏斯黨於一九九二年選後得到六席，到了一九九九年選後席次增加至十七席，成為以色列第三大黨，且與第二大黨利庫黨僅差兩席（歷次國會議員選舉主要政黨席次如表4-4）。

實施總理直選制以後，選民可以投兩票，一票投給總理，一票投給國會議員所屬的政黨，選民於是產生「分裂投票」的行為，總理票仍會投給兩大黨，但議員票卻會投給心中真正屬意的政黨。當年發起「為以色列制憲」運動，同時也是總理直選案的推動者，特拉維夫大學教授Uriel Reichman認為，採用總理直選制之後，在新國會的型態下，總理將進一步被弱化，小的、單一議題的政黨將繼續在全國比例代表制之下更加興盛，憑添政治的不穩定，也使得政府週期縮短（New York Times, 2001; Bloch, 2001）。

對當年主張總理直選的政治人物與民間團體而言，選民的分裂投票行為是一件始料未及的事，改革陣營所犯的錯誤是，誤以為只要修改總理產生方式而不必調整立法部門的對應措施，就能達到改革的效果（Nahshon, 2002）。

表4-4 歷次國會選舉主要政黨席次（1988-1999）

	勞工黨	利庫黨	夏斯黨	民族宗教黨	Tzomet黨	Shinui黨
1988年	39	40	6	5	2	2
1992年	44	32	6	6	8	？
1996年	34	32	10	9	加入利庫黨	？
1999年	26	19	17	5	0	6

整理：林東璟

資料來源：以色列國會網站（http://www.knesset.gov.il/elections/asp/eresults.asp）

第五章 結論

　　以色列為什麼要進行選舉制度改革？而改革結果為什麼是採納總理直選制，一個朝向總統制的制度？多黨林立的國會如何能通過總理直選制？

　　過去，以色列總理的產生端視國會選舉結果而定，一九七七年以後，兩大黨的選舉結果非常接近，導致小黨（通常是正統宗教政黨）在組閣期間擁有不成比例的影響力，小黨的支持可決定由誰來組閣，贊成選制改革的人認為，總理直選可讓總理免於上述情況的束縛，避免小黨的勒索（Mahler, 1997）。

　　在一九七七年以前，執政的勞工黨也曾提出選舉改革方案，當時的考量是建立猶太民族國家、降低小黨數目，鞏固勞工黨的既有地位，因此將國會議員選舉制度朝英國式單一選區制方向設計，但是囿於小黨林立的國會，故未能改變選制。

　　一九七七年大選，勞工黨首度交出政權，改由利庫黨主導組閣，勞工黨落敗的原因之一是DMC黨的興起，DMC黨的訴求是選舉改革，主張「多席次選區」，並據此作為加入利庫黨執政聯盟的條件，不過後來並沒有進一步的立法動作，DMC黨也於一九八一年選後從以色列政壇消失。

　　進入一九八〇年代後，兩大黨分別於一九八四年和一九八八年選後籌組全民內閣，這時兩大黨原本有機會擺脫小黨的牽制進行選制改革，事實上，兩大黨也透過國會議員組成兩黨委員會針對選制改革進行討論，並於一九八九年對議員選制採用混和制達成共識，接下來就要討論總理的產生方式，不料，勞工黨在培瑞茲的領導下一九九〇年三月發動倒閣，但是卻無法順利組閣，最後仍由利庫黨夏米爾出面組右翼聯

合內閣，兩大黨對選制的「共識」也因為此次內閣危機而被擱置。

　　一九九〇年春天籌組聯合內閣的過程卻起民眾不滿，數十萬民眾連署簽名並走上街頭示威抗議，要求政治人物進行制度改革。後來答應加入夏米爾政府的Tzomet黨所開出的入閣條件之一，就是夏米爾必須在選制改革法案投票時讓黨籍議員自由投票。

　　接著，四位不同黨籍的國會議員向國會提出選制改革法案，且皆通過一讀程序，於是，這四份法案被併為一案交付國會憲法、法律和司法委員會審查。一九九二年一月八日，院會二讀通過該法案，並於三月十八日完成三讀程序，總理改由人民直接選舉產生，並採用絕對多數決，若無人在第一回合取得絕對多數，則由前兩名候選人進入第二回合投票，由獲得最高票者獲勝，新總理及其政府必須在四十五天內取得國會信任，否則將重新舉行總理大選。

　　也就是說，以色列通過一套看似有利大黨（相對而言不利於小黨）並且向總統制移動的新制度，但其實是一套維持內閣制運作，解決了選後「由誰出面組閣」的難題，無損小黨的利益，畢竟，對小黨而言，他們在以色列歷史上從未擔任過總理，而在議員選制未更動的情形下，現在總理改成直選又何妨？

　　總理直選案之所以過關，是因為舊的政治制度讓大黨面臨組閣難題，由於沒有一個政黨有能力單獨組閣，兩大黨若想主導組閣就必須接受小黨開出來的條件，這些宗教小黨要求政府補助宗教學校的經費，此外，還要求就讀正統派學校的學生得以免服兵役等等，小黨因而擁有超過其實力的影響力。

　　而之所以會在一九九二年三月完成修法程序，是因為兩大黨於一九八九年組成兩黨委員會研討選制改革方案，並做

出修改國會議員選制的結論，但是來不及進入國會議程就發生一九九〇年內閣危機，這次危機引爆民眾不滿的情緒，他們走上街頭遊行抗議，要求改革。

當時，勞工黨領導人培瑞茲面臨拉賓的挑戰，拉賓偏好美式一對一的競選模式，並且自信能藉由黨內民主程序取得領導權，他利用民意要求直選的情勢，對內推動黨員投票產生黨的領導人，對外支持總理直選法案，藉此塑造自己支持改革的形象。

除了勞工黨，當時提出總理直選法案的議員還包括利庫黨、Tzomet黨（crossroad）和Shinui黨（change），這兩個世俗小黨雖各只有兩席，卻不滿宗教小黨享有特權，例如免服兵役、政府補助經費等等，因而希望改變宗教小黨的影響力；而總理夏米爾不贊成直選，因為他判斷在舊制度下利庫黨可以靠聯合內閣取得執政權，但是隨著時間逼近一九九二年大選，面對民眾要求改革的壓力，加上對手勞工黨支持改革的形象，利庫黨最後也支持總理直選案。

在國會討論過程中，民族宗教黨（NRP）等反對直選案的小黨要求加入一項修正：「總理選舉結束後，總理及其政府需在四十五天內得到國會的信任，若未能取得國會信任，需重新舉行總理選舉，並在四十五天內得到國會的信任，若能未能取得國會信任，則必需再度重新舉行總理選舉，但不得再由同一人參選。」

此時，支持總理直選的各黨派陷入兩難，是要延緩改革，還是先接受經過上述修正的直選案，將來再找機會修正？結果是接受上述修正過後的總理直選案。

我們可以辨識出幾個改革成功的原因，改革者相信新制度可把總理從需索無度的小黨和個別議員中釋放（free）出來；而且，直選可藉由公眾委任授與總理正當性，以便快速有效地在現行的議會制架構內組閣；同時，在全國政黨名單

比例代表制下仍然有利於小黨生存。

　　況且，總理直選並不會威脅政黨領導人被選為國會議員的機會，只要把他的名字放在議員候選人名單的首位便不會危害其政治前途，他們在舊議會制下便已經這麼做了。如同Doron所說：「改革僅關心金字塔的頂端，因此政治人物支持這次改革的風險是極小的（Brichta, 1998: 185-186）。」

　　因此，就以色列這個個案而言，我們可以得知：「社會分岐結構塑造出以色列的政治制度（內閣制、封閉式正當名單比例代表制、全國為一個選區、低門檻），這套制度鞏固了既有的社會分岐，使得制度變革難以成功，但是當政黨體系造成組閣困難、選舉制度失靈的情況下，在偶發（contingent）的機遇下（宗教小黨過度需索、九〇年內閣危機、九二年大選在即、勞工黨領導權之爭），改革勢力突破結構與制度制約，經過協商妥協後通過部分改革方案（放棄修改國會議員選制，僅將總理改由人民直接選舉產生）。」

　　從事後發展來驗證，我們也會發現，選制改革的真正目標似乎不是減少小黨的數目，如果這是重點，則根本過不了國會這一關。如果要減少小黨，總理直選並非最好的方法，在比例代表制之下，有效減少小黨的方法是提高門檻（Doron & Harris, 2000: 84）。

　　Brichta認為，選制改革的主要意圖在於強化行政部門，透過擴充總理權力的方式以形成穩定且有效能的政府，這個目標獲得多數民眾熱情的支持，曾經有超過五十萬民眾連署請願書，「改革者為議會制帶來真正的變革，以取代僅僅改革選舉制度而已（Brichta, 1998: 186）」。

　　當年改革派認為，由於總理由誰出任非常明確，加入執政聯盟比脫離聯盟獲得更多，例如預算資源、政治制訂等等，政府可以控制實質資源，站在反對陣營這一邊必須付出昂貴的代價，當瞭解到自己的逞強只能發揮很小的效應時，小黨

會緩和其要求，且只有在真正重要的議題上才會對大黨採取
「非此即彼」的威脅策略（Susser, 1989）。

此外，支持總理直選的人也預期小黨入閣後不會輕易倒
閣，因為一旦倒閣，國會也要跟著改選，對議員而言也是一
個風險。總理與議會也可能同時改選，同時改選可能產生月
暈效應，讓選舉結果出現不同政黨的可能性最小，他們可以
合理預期會有一個相稱（symmetrical）的結果（Susser, 1989;
Garfinkle, 1997）。

但是從三次總理直選以及國會議員改選結果來看，當時
改革派並沒有料到選民會有「分裂投票」的行為，當選民手
上握有兩張選票時，一票投總理，一票投國會議員（政黨），
選民會放心地把議員票投給最符合自己利益的政黨，使得大
黨在國會的席次不斷縮減，而小黨勢力不席次不斷增加，最
後導致兩大黨聯手於二〇〇一年三月通過取消總理直選制。

研究的侷限與討論

由於受限於時空環境與語言能力，本書的參考文獻以英
文資料為主，未能蒐集閱讀希伯來文的資料，也無法前往以
色列訪問曾經參與修憲的國會議員，就以色列選制改革議題
加以請教。也就是說，本書雖指出世俗派對正統派關鍵角色
的不滿（社會分歧），加上偶發的情境條件，才促使政治人
物做出改革制度的選擇，但仍欠缺來自行為者第一手的訪談
資料加以佐證，此為本書的侷限之處。

從以色列選制改革的過程來看，我們可以發現，當政治
人物面臨制度失靈以及政黨體系出現弊病時，他們雖然有心
改革，但是行動上似乎是採取因循苟且的態度，兩大黨都不
願意率先得罪既得利益者（宗教小黨），甚至連一九八〇年
代兩大黨共組全民政府時期，也沒有完成國會議員的選制改
革，一直要遭遇偶發的情境條件，諸如：政治人物的「醜陋

行為」、群眾走上街頭要求改革、加上一九九二年五月改選的壓力，政治人物才趕在三月國會休會前一刻，通過總理直選案，而不去更動國會議員的選舉制度。

　　台灣近來也有政府體制與選舉制度改革的討論，包括三權分立總統制、單一選區兩票制、國會議員席次減半等提議。對立法委員選制而言，單一選區兩票制牽涉到選區的劃分以及立委對選民的經營程度，而席次減半更直接與立委本身的當選機會相關，筆者以為，在沒有任何偶發機遇的觸動下，若以政黨為單位來分析，這些新制度看似對大黨有利，但若站在個別立委的立場來看時，單一選區的席次由勝者全拿，現任大黨議員是否會支持新制恐怕仍在未定之數。雖然目前各黨都不反對選制改革，在本屆立法委員任期內，或許會有各種選制改革的討論，甚至形成議案，但這些議案能否通過一讀、或交付委員會討論，甚至通過二讀，筆者並不樂觀。

　　更值得探究的是，當前台灣的社會結構、政府體制、選舉制度以及政黨體系究竟面臨什麼問題？制度應該如何改革？朝什麼方向改革？而各種新制度的選擇究竟回應了結構改革的呼聲，還是繼續維護舊結構的需求？從以色列總理直選制的誕生與滅亡來對照，上述議題必須放在一起作整體性的思考，才能避免「頭痛醫頭、腳痛醫腳」之弊。

附錄一　中英文譯名對照

英文	中文
Agudat Israel Party	極端正統派西猶宗教政黨，反對猶太復國主義。
Ashkenazim	西猶。意指來自歐洲國家的猶太人，包括德國、中歐、東歐以及俄國。
Democratic Movement for Change	由Yigael Yadin領導的中間政黨，於一九七七年贏得十五席國會議員席次，簡稱DMC。
Greater Israel	主張以色列的領土包含約但河兩岸。
Halaca	猶太教律法。
Haredim	極端正統派，大多反對猶太復國主義，敬畏上帝的權威。
Herut	主張民族主義的政黨，後來與自由黨（Liberal）共組Likud黨，Herut也有freedom的意思。
Histadrut	猶太勞工總工會
Intifada	約旦河西岸以及加薩走廊巴勒斯坦居民於一九八七年開始進行抗議與騷動，一直持續到一九九三年傲思路協議簽訂之後。
Knesset	以色列國會，總席次為一百二十席，議員任期四年。
Law of Return	一九五〇年通過的回歸法，賦予每位猶太人回到以色列的權利。
Liberal Party	中產階級政黨，後來成為Likud黨的一部份。
Likud Party	中間偏右政黨，由Herut黨和自由黨等黨派所組成。
Manade	英國於第一次世界大戰之後開始託管巴勒斯坦，一直到一九四八年才結束。

Moledet	由Rehavam Ze'evi所領導的右翼政黨，意指「出生、家鄉」，主張把阿拉伯人移出以色列。
National Religious Party	民族宗教黨，同時支持猶太復國主義以及宗教主張，對和平近程採取鷹派立場，簡稱NRP。
Rabbi	拉比，猶太教神職人員。
Sephardim	西猶。意指來自非洲或亞洲的猶太人，包括伊拉克、敘利亞、希臘、西班牙與土耳其等國，也可以稱做Oriental Jews。
Shas	夏斯黨，於一九八四年從Agudat Israel黨分裂出來，是個極端正統派政黨，支持者多為東猶，全名是Sephardi Torah Guardians Party。
Shinui	中間政黨，意指變遷（change），於一九七七年成立，後來成為Meretz黨的一部份。
Tehiya	極端民族主義政黨，主張以色列擁有完整的領土權，反對簽訂和平協議。
Tzomet	於一九八八年所建立的右翼政黨，意指交叉路口（crossroad），從Tehiya黨分離出來，由Raphael所領導。
World Zionist Organization	由Theodor Herzl於一八九七年所建立的組織，提倡猶太民族主義。
Yishuv	以色列建國前位於巴勒斯坦地區的猶太屯墾組織。

資料來源：Ben_Rafael and Sharot, 1991; Brichta, 1988; Garfinkle, 1997; Elazar and Sandler, 1995; Lochery, 1997; Sprinzak, 1991

附錄二　以色列選制改革大事記

日期	事項
1948.5.14	以色列建國。
1958	全國分成120個小選區議案遭到國會以73：42否決。
1972	國會預備會議通過混合制：全國分成30個選區，每區選出三人，共九十席；另三十席由全國比例制產生，之後便沒有下文。
1977	主張改革的DMC黨首度獲得國會席次，但是在超過四分之三的國會議員成立選制改革委員會之後，並沒有任何進一步具體的動作。
1978	地方首長改由直選產生。
1986	一群教授組成Public Committee推動選舉和政治改革，主張：1.總理直選；2.國會議員由選區產生；3.人權法案。
1987.9	上述由教授所組成團體明確主張：1.混合制，分成60個小選區，採簡單多數決，剩下60席則由全國政黨名單比例制產生，門檻為2.5%，席次由政黨得票率決定，但至少可獲得地方當選席次。2.採用成文憲法，其中包含人權法案。3.總理直選。
1988	四位議員各自提出政府改革議案，內容皆包括總理直選，並且通過preliminary reading。
1989.2	兩大黨為因應此一局勢，組成兩黨委員會討論選舉和政府改革。
1990.1	開始討論總理選制，但數週後發生聯合內閣危機。
1990.5.28	四法案皆通過一讀，並交付憲法司法委員會審查。
1990.9	四法案整合成一個共同改革計畫供委員會討論。
1991.10	委員會通過上述法案，但因總理夏米爾反對該案，議長決定暫緩在院會表決。
1991.11	法院要求國會就該法案表決。

1991.12	執政聯盟之一的Tsomet贊成該案，建議開放聯盟議員自由投票，利庫黨不同意，Tsomet退出執政聯盟。自由黨要求憲法司法委員會主席Uriel Lynn退回該案，但未果。
1992.1	該案進入二讀會中。
1992.1.8	院會表決，57票贊成、57票反對、2票棄權、5票缺席，但合計121票，可見記票有誤；議長（Dov Shilansky）拒絕重新投票或計票，宣佈以57票贊成，56票反對，二讀通過該案，交委員會重述（reword）。
1992.3.8	委員會審畢送院會後，自由黨以60票對54票將該案退回委員會復審（review）。經過激烈辯論，國會在散會前，於1992年3月18日通過新基本法，總理改由直選產生，自第十四屆國會改選開始實施。
1992.6.23	國會大選，夏米爾下台，拉賓上台。
1995.12.17	總理拉賓遇刺身亡。
1996.5.29	以色列總理首度直選，利庫黨納坦雅胡獲勝。
1999.5.17	第二次總理直選，勞工黨巴拉克獲勝。
2001.2.6	第三次總理直選，利庫黨夏龍獲勝。
2001.3.7	國會表決通過修改基本法，取消總理直選制，恢復舊制。

附錄三　時事評析

為了創意可以不顧同理心？

　　據報載，民進黨於七月份推出的電視廣告中出現希特勒的鏡頭，引起以色列駐台辦事處以及美國反誹謗聯盟的抗議，而民進黨幹部的解釋更表現出一種「為了創意不顧同理心」的心態。

　　六百萬猶太人在第二次世界大戰期間遭到納粹黨屠殺，史稱「大浩劫」，這是猶太人至今難以抹滅的傷痛，也是當時世界各地猶太人放棄其他路線（階級革命、體制內改革、自治），決定以「建立猶太國」為目標的重要關鍵，而希特勒就是納粹黨的頭目。但民進黨青年部主任阮昭雄卻說，選擇希特勒為（電視廣告）四位領袖之一是因為他敢說出自己的心聲，「這沒有什麼大不了，我們鼓勵年輕人發表意見，大家不要過份解讀。」

　　文宣廣告若以「鼓勵年輕人說出自己的心聲」為訴求，台灣本身就有許多值得效法的對象，何需外求一個遂行種族淨化的屠夫做反諷？例如：彭明敏等人於一九六四年發表〈台灣人民自救宣言〉，第一段就是「我們要迎上人民覺醒的世界潮流，摧毀蔣介石的非法政權」；長老教會由高俊明牧師於一九七一年發表〈對國事的聲明與建議〉，主張「台灣的住民有權決定台灣的命運，……要求中央民意代表全面改選」；民進黨前主席林義雄日前公開說：「核能電廠興建權應在人民手中，任何反對公投的人，都不夠資格擔任民主國家的總統、閣揆和立委。」不與政治人物和浠泥。勇於講

真話的台灣典型何其多,為什麼執政黨偏偏會挑上希特勒?更何況這支廣告還把卡斯楚、希特勒、李登輝、甘乃迪擺在一起,更容易讓觀眾形成錯誤的印象。

中國人曾遭逢南京大屠殺與文化大革命,台灣人則經歷二二八鎮壓與白色恐怖,因此我們很少看到有人拿日本軍閥、毛澤東或蔣介石做為年輕人勇於「發表意見、講出自己的心聲」的楷模。除非從「地球村」來理解,否則猶太人當然不是台灣人的同胞,但在以其他民族歷史為廣告題材時,我們是不是應該更要有同理心,理解他族所曾經遭受的苦難,小心處理具有爭議性的題材?

以色列駐台北經濟文化辦事處代表齊普立說:「民進黨的廣告中,採用希特勒的畫面,就算是純粹是出於對歷史的無知,仍然是對人性尊嚴的嚴重冒犯,台灣這樣的民主社會會用希特勒作廣告主角令人難以置信。」反誹謗聯盟福克斯曼則說:「這只是台灣市場陸續利用納粹對猶太人大屠殺事件的最新事例,突顯台灣需要一項有關納粹屠殺猶太人的全國性教育計畫。」

廣告具有創意當然很好,但是拿別人的痛苦當創意,恐怕就不是任何文宣工作者所應為,短短幾秒鐘主張「勇敢嗆聲」的廣告出現希特勒等人,如何能讓觀眾分辨希特勒不是年輕人的楷模?又如何能責怪猶太人「看不懂」?這件事突顯出文宣工作者的創意缺乏對他人的同理心,別人受的苦,怎麼會「不是什麼大不了的事。」

2001/7/14

正視巴勒斯坦人的現狀

　　過去一年來，巴勒斯坦人不斷在以色列境內發動攻擊，但以往都是由佔領區民眾行動，前幾天竟首度發生由阿裔以色列公民引爆的自殺式炸彈攻擊事件，如今美國也疑似遭受阿拉伯人的攻擊，果真如此，可見得他們爭取建立「巴勒斯坦國」的決心相當堅定，國際社會宜加以正視，而不是以暴制暴。

　　面對多起攻擊事件，以色列除了派出空軍轟炸報復外，陸軍的坦克車也一度進駐佔領區，企圖直接以武力鎮攝，最近更策劃多起暗殺巴勒斯坦激進組織領導人的行動，此事引起各方不同的評價，質疑以色列政府是否有權暗殺「他國」人民？

　　一年多前，以巴雙方已經進入和談的「最終議程」階段，這也是最難達成協議的部分，因為這牽涉到以國是否同意自佔領區撤軍、是否同意分割耶路撒冷主權、巴勒斯坦政府能否擁有自己的軍隊？如果都同意，名義上是「自治政府」，實質上卻是「巴勒斯坦國」，對以色列鷹派而言，這會是一種難以接受的情況。

　　英文《外交政策》雙月刊曾經刊登一篇文章，該文指出，過去探討中東和平進程的文獻多半從謀略或歷史等角度來檢視，但經濟動機才是推動以巴雙方和談與否的重要因素，當以國經濟衰退時，和談就有進展，當經濟情況好轉，以國的態度便不甚積極。

　　一九八七年，巴勒斯坦人曾發動大規模的「抗暴」運動，外界首度注意到佔領區人民的生活情況，跨國企業拒絕前往以色列投資，於是，市場上那隻「看不見的手」促使以巴雙方坐下來和談，外資隨即湧進以色列，加上本國人民的

研發能力，創造出以色列欣欣向榮的高科技產業。

　　然而，過去一年來，以國政府的強硬態度和暗殺行動反而引發更大的反抗，加上全球經濟不景氣，當地的經濟情況遂轉趨衰退，根據《經濟學人》的報導，以色列經濟成長率降至百分之一，失業率向上攀升至百分之八點六，外資投資幅度衰退一半；而佔領區有三分之二的勞動人口閒賦在家，民眾的收入只有以國的二十分之一，一年前，至少還有以國的十分之一。

　　以色列地理位置雖然在中東，但是並未與周遭有敵意的阿拉伯國家從事密切的經濟活動，貿易伙伴反而是美國、歐洲和土耳其等國，引進的外資也以歐美為主，不過，佔領區並非「外國」，不少巴勒斯坦人會越過邊境前往以國從事基層勞動工作，區域和平對彼此的經濟都有幫助，互相攻擊只會讓外資卻步。

　　恐怖活動並不足取，但是以牙還牙只會有短期的懲罰效果，當有人採取自殺手段凸顯長期以來的處境時，國際社會必須認真面對，中東和平不僅牽涉以巴雙方的利益，在國際資金、貨物與資訊快速流動的今天，任何動亂都會影響其他看似不相關的國家，唯有尊重當地人民的訴求並且和平共處才是地球村長治久安之道。

原載於《南方電子報》，2001/9/14

以巴冤冤相報何時了

　　就在美國、英國相繼表達支持巴勒斯坦建國之後，以色列總理夏隆也表示將有條件支持巴勒斯坦國，隨即放鬆對巴勒斯坦邊境的管制，夏隆所提的建國實質條件是：巴勒斯坦去軍事化、由以色列主掌邊境事務以及不得敵視以色列；程序條件則是至少維持七天相安無事、加上六週的冷卻期，經過這些信心建立機制之後才展開實質磋商，並將由總理辦公室領銜會談。

　　有一種論述認為：「美國偏袒以色列鎮壓巴勒斯坦人，所以阿拉伯世界對美國和以色列極為不滿。」這句話是事實，但只是部分事實，並不是每個以色列人都把巴勒斯坦國當成洪水猛獸；以色列人也有鷹、鴿兩派之分，鴿派主張「以土地換取和平」，傾向贊成巴勒斯坦建國，他們的口號是「立即和平！」而鷹派主張「大以色列」，要求擁有完整的領土，包括耶路撒冷東城在內，反對任何「分裂國土」的政策。

　　九一一事件之後，雖然夏隆政府一度趁亂揮軍佔領區，但是在對阿富汗開火之前，美國總統布希曾透露：「只要能確保以色列安全，有關巴勒斯坦國的想法一直是願景的一環。」近日更向夏隆政府施壓，不得再有計畫地暗殺巴勒斯坦激進組織領導人的舉動，不管美國此舉是不是為了討好阿拉伯世界的官式辭令，但至少已經展開具體勸說行動，壓制了以色列的鷹派勢力，沒想到十月十七日還是發生觀光部長齊維（Ze`evy）被刺殺事件。

　　過去一年來，阿拉法特最被詬病的一點是在和戰立場上保持模糊，他好像不支持暴力，可是也沒有積極壓抑巴勒斯坦激進組織，直到上週，加薩走廊一場支持賓拉登的示威遊行中，三名阿拉伯人遭到巴勒斯坦當局警察開槍射殺，這才

讓外界知悉阿拉法特會採取什麼具體行動，不過也使得十月十五日的出殯隊伍演變成對阿拉法特和當局的抗議活動，

對以色列鷹派而言，計畫性地暗殺激進組織領導人是為了「自我防衛」，但對巴勒斯坦人來說卻是種挑釁行為，夏隆在美國壓力下態度趨緩，導致極右翼政治人物的不滿，十月十五日，齊維率其他六名國會議員退出執政聯盟以示抗議，不料，齊維就在辭職兩天後遭到巴勒斯坦人民解放陣線刺殺身亡，原本露出曙光的和平進程再度蒙上陰影，事發之後，夏隆隨即表示「一切都改變了，」並要求阿拉法特交出兇手。

齊維係軍人出身，於一九八八年當選國會議員，他有著鮮明的鷹派色彩，是以巴衝突中「永不妥協」的象徵，雖然如此，他也有受到對手歡迎的一面，他對以色列領土和歷史具有百科全書式的知識，生前編纂出版的書籍多達六十五冊，被喻為「一手握劍，一手捧書的軍人。」

齊維主張把佔領區的巴勒斯坦人遷移至其他阿拉伯國家，有時候會以「寄生蟲（lice）」一詞將跑到以色列人屯墾區非法打工的巴勒斯坦人污名化，但齊維可能忽略一個事實，巴勒斯坦人其實扮演了類似「外勞」的角色，以低廉的工資出賣勞力，他們必須利用士兵巡邏邊境的空檔跑到打工的地方，下工之後再趁隙跑回去，原本半小時的路程卻得花上三到四小時才走得完。

九一一事件之後，在和平、反恐怖的前提下，原本是以巴雙方鴿派擺脫鷹派，坐下來磋商談判、談出具體解決方案的好時機，互相殺來炸去只會讓民眾在心理層次尋求保護與慰藉，對「他者」充滿猜忌，在行動上也將趨向支持當局的強硬作為，不論是恐怖行動還是軍事鎮壓，都會把原本鴿派的民眾逼向鷹派。

　　俗話說：「冤冤相報何時了？」以色列人渴望的是安全保障，巴勒斯坦人要的是獨立建國，但雙方鷹派以武力你來我往的行為，只會讓自己遠離夢想。

2001/10/19

誰殺了阿度拉？

　　二○○○年九月底，以色列利庫黨（Likud Party）領導人夏隆在數千名軍警保護下，造訪東耶路撒冷「聖殿山」遺址，夏隆離去後，巴勒斯坦人隨即展開抗爭活動，至今未息。在加薩走廊以巴雙方開火過程中，一名十二歲的巴勒斯坦小男孩阿度拉（Mohammed a-Dura）躲在父親懷中仍遭射殺，透過法國媒體現場放送，引起國際同情巴勒斯坦的處境，聯合國安理會在美國棄權的情況下，通過譴責以色列案。

　　今年三月十九日，德國ARD電視台播出的一個節目指出，阿度拉應該是被巴勒斯坦的軍方所誤擊，而不是以色列。這個節目的製作人Shapiara說，阿度拉被射中的方向是前方或上方，也就是巴勒斯坦方面開火的方向，如果是以色列的子彈射中他，應該是從側面或低處穿入才是。

　　在此之前，媒體皆認為是以色列的軍人誤殺阿度拉，以國軍方後來也發表遺憾的聲明，然而，在以巴雙方的衝突儼然是一場戰爭時，戰爭中諸多傷亡業已被視為「必然」而非偶然。

　　Shapira指出，她製作這一系列的節目的目的是要「瞭解隱藏在電視畫面背後的真相。」而她也是一名猶太人，不過Shapira坦承，這個節目播出後，並不會影響民意對以巴雙方的觀感。

　　是的，這一次的巴人抗暴（intifada）已經持續將近二十個月，雖然美國國務卿包威爾親赴當地斡旋，後續發展仍難預料；巴勒斯坦人希望有自己的國家，以色列人要的是安全，但是雙方鷹派卻你來我往，互相擴大攻擊，而血肉橫飛的結果，更加加深一般民眾心中的恐懼和強硬態度。原本巴勒斯坦人沒有女性自殺式炸彈客，今年一月卻出現第一位（Idris），

到了三月，又有第二位（Akhras），年僅十六歲。

　　紐約時報於四月十三日報導，以色列軍人在檢查一名巴勒斯坦人之後說巴勒斯坦人是罪犯，而且一點也不想要和平，但這名巴人回應：「我們是罪犯？！」「你們在我家殺了我媽媽，殺死我兄弟，從屋頂破壞我們的房子，而你說我們是罪犯？」

　　此外，一名巴勒斯坦婦女目擊自己的兒子在屋裡被以色列軍人殺死，她一開始聽到：「Oh God！Oh God！」幾分鐘之後就沒有聲音了，接著，以色列人會用堆土機把屍體裝到卡車裡，這是以色列軍方對待巴人屍體的方式，以巴雙方對死亡人數也有不同的說法。

　　華盛頓郵報在同一天的報導中指出，有兩百萬以色列人仰賴國家補助的公車作為交通工具，一名商學院學生說：「如果說不怕（炸彈），那是騙人的。」有位受訪者對媽媽說：「（去超級市場時）要留心那些婦女，包括看起來像是懷孕的。」一位民眾說：「戰場上的軍人至少知道自己在為自己的命戰鬥，但是在公車上，我們不知道死亡從何而來。」

　　「誰殺了阿度拉？」現在才來檢視答案，恐怕已經沒有太大意義，雙方的攻擊日益擴大，不論哪一方的行動，看在對方眼裡都是恐怖活動，導致平民大眾心中恐懼與報復的心情日益堅定，筆者認為，以物質基礎較為優勢的一方，是不是應該率先撤軍，踏出和平談判的第一步？

　　德國ARD電視台：http://www.ard.de/

2002/4/15

台灣Holocaust紀念館

大浩劫

　　Holocaust可譯為「浩劫」或「大屠殺」，意指第二次世界大戰期間，德國納粹對於六百萬猶太人的屠殺，為人類歷史的大浩劫。

　　關於大浩劫發生的原因與結局，各界有過不同層面的探討，有宗教的、哲學的、結構論的、意圖論的。就宗教與哲學的層面而言，曾經被關進奧茲維茲集中營的一九八六年諾貝爾和平獎得主埃利‧維塞爾（Elie Wiesel）曾說：「作為一個猶太人，你或遲或早會面對上帝在歷史中的作為之謎。」當希特勒決定屠殺猶太人時，上帝為什麼保持沈默？難道，這也是上帝的意旨嗎？

　　而同樣曾被關進奧茲維茲集中營的化學家普利摩‧李維（Primo Levi）則探討了集中營裡的種種矛盾的心裡與人際關係，例如，有些猶太被選為納粹的執行者，用來指揮、懲罰或是把其他猶太人送進毒氣室；李維使用「灰色地帶」一詞來形容集中營裡複雜而矛盾的人際關係網絡，這個網絡「不能被簡化為加害者與受害者兩個陣營。」這方面的討論甚多，在此不擬一一介紹，有興趣的讀者可從延伸閱讀的書單中搜尋。

歷史的反省

　　在台灣，除了紀念大浩劫的歷史，更值得我們關注的是，如何藉由大浩劫反思台灣白色恐怖時期的歷史，進一步避免歷史重演？

　　目前，政府已透過「補償」而不是「賠償」的方式發放

補償金給予受難者及其家屬，然而，白色恐怖的歷史就這樣隨風而逝嗎？二次戰後，國際軍事法庭透過紐倫堡大審對納粹進行初步的審判，而後國際社會在一九六〇年代開始進行大浩劫的歷史探索、回憶、公審，為當年的加害者定位，把大浩劫的情況公諸於世。相形之下，我國對於白色恐怖的歷史反省似乎不夠，甚至可以說，台灣社會對過往的執行者太寬容了。

德國學者哈伯瑪斯（Habermas）曾說：「在一個沒有歷史的國度裡，只要誰能填充記憶，能定義概念，又能詮釋過去，那麼，誰就能贏得未來。」

在台灣，白色恐怖的執行者卻沒有受到一絲一毫的反省，事情彷彿發生過就算了，這些人日後依然可以在既有的政治場域、文官體系、軍事單位、司法機構就職，並且一步步在職務上向上攀升。我們要問的是，恐怖統治的誕生，只有蔣氏父子需要負責嗎？整個共犯結構又應該承擔多少比例的責任？就算不追究基層執行者的司法責任，至少這些人也應該站出來接受歷史學界的訪問，幫助這個社會還原過去那一段歷史吧！在一個對歷史失去反省力的國度，我們如何確信事件不會重演？

台灣Holocaust紀念館

台灣Holocaust紀念館位於台南縣仁德鄉車路墘教會，教會將一樓樓梯及二樓佈置成紀念館，沿著樓梯向上走，牆壁上掛滿一張張受難者的黑白照，漸漸帶領我們進入數十年前的時空中。

二樓是一間展示大廳，牆上的展示主題是為什麼發生大屠殺、安妮日記、中華民國大使何鳳山等等。另外還擺設了波蘭奧茲維茲集中營的模型，也有電視，可播放影片；樓梯旁邊還有一小型教室，有白板，可供十多人上課或研討之用。

　　另有六間展示小間，牆上所掛亦以歷史照片為主，探討各項大浩劫期間的主題，由於納粹偏差的種族觀念，從觀念延伸到教育法律等制度層面，納粹對猶太人施予不公平待遇，剝奪其公民資格，到後來則是加以屠殺。

　　展示間與走廊相連的窗戶以木製線條構成，上面掛有孩童的畫作與詩詞片語，可看出孩童對和平世界的嚮往。除了照片與文字，展示間也有各種仿製的物品，例如成堆的眼鏡、囚犯衣服、相關書籍等等，另有一間「默想室」，裡面有裝置藝術，在黑暗的空間中，紅色方形的亮光被鐵籠包圍著。我個人估計，若觀眾靜心駐足觀賞的話，整個流程約四十分鐘左右。

　　車路墘教會位於保安車站（永保安康其中一站）附近，開車若看到遠方高聳的灰白色高塔屋頂就表示快到了。欲參觀者先以電話洽詢開放時間為宜，以免白跑一趟，電話是：(06)366-1298。

　　本文件圖文網址：
http://www.lazyday.idv.tw/holocaust/ht2002.htm

　　　　　　　原載於《南方電子報》，2002/12/17

血肉輪迴

　　九一一事件發生後，美國政府判定賓拉登是主謀，諷刺的是，美國中情局曾在一九八〇年代訓練賓拉登等人對抗蘇聯入侵阿富汗，如今自己也揮兵阿富汗，目的是掃蕩賓拉登及「開達」組織。

　　而事件發生至今不到兩年，布希政府竟又想趁著國內民意的高度支持，進軍伊拉克，「解除海珊政權的武裝」、「恢復伊拉克人民自由」，名義上則是「反恐」，但說實在的，攻打伊拉克跟反恐之間到底有什麼因果關連呢？攻打伊拉克到底是誰獲利，而誰又會在戰爭中受害，甚至失去生命呢？

　　美國九一一事件發生後，正在以色列攻讀碩士學位的台灣留學生李宛儒曾說：「使用強力軍事鎮壓對抗恐怖行動，只會增強恐怖份子的報復信念，激發一波波更強力的攻擊行動。這點在從去年九月之後就不斷升高，陷入報復與反報復惡性循換的以巴衝突就是最好的例證。」

　　她進一步說明：「美國的討罰之戰是阻止不了恐怖主義份子追求純淨幕斯林社會為聖戰犧牲的決心的，畢竟此地慣有存在的正義思維與畢竟和西方所定義履行的正義理念大不相同，就像當初美國打了一場正義波灣戰爭的正義之戰，也推翻不了海珊在許多極端幕斯林人心中的英雄形象，中國人譴責日本政府參拜靖國神社所供奉的戰爭罪魁禍首，卻動搖不了日本人民將他們奉為民族英雄的道理一樣。」

　　此外，多年的征戰衝突，外界可能會對衝突的兩造留下刻板印象，但，每個國家或多或少都有鷹派、鴿派之別，同一個國度的政府與人民心裡想的可能不一樣，持反戰立場的人不一定反美，而以色列公民不見得就支持對巴勒斯坦人民動武。

曾經在尼泊爾、印度、以色列等地旅行，並且在以色列待過數月的台灣人林家羽就說：「我總以為，從軍報國是以色列人民愛國情操的最高表徵，可是亞當（一名二十歲以色列人）卻告訴我，他已經過了十八歲該去當兵的年紀，可是他根本不想去從軍，因為他不明白，為什麼生命要死在戰爭之下，而不是自己可以選擇臨終的去向？」

林家羽的另一位以色列朋友Ema常對家羽說：「Chiayu，在以色列我們祈禱和平，只為今天作禱告，因為只要今天我們能平安度過，才有可能再為下一個明天作禱告！」戰爭如此殘酷，就算是國力強大的以色列居民，對和平的渴求竟也只能以「日」來計算。

人世間的征戰與殖民史充滿了弔詭的景象，在美伊戰爭中，美軍空降師有士官用手榴彈炸死同袍、美國愛國者飛彈擊落英國軍機……。而誰有權決定別人的國家應該過著怎樣的政府體制，以致於要發動戰爭去推翻他國政府？全球各地的反戰風潮，會不會是民眾對於強權失去信任感，渴求多國和平共存的國際秩序，進而保障自己國家不會突然被其他國家政府跑來「解除武裝」、「恢復自由」？

李宛儒表示：「常常反省，儘管我應該儘可能保持中立，但往往下意識地傾向同情巴勒斯坦人的立場，或許在閱讀巴勒斯坦人的故事中，我常常發現台灣人民的影子，想想以色列境內巴勒斯坦人在以色列政府統治五十三年的生活的感覺是否類似於當年日本統治台灣五十年的異族統治。那時候的台灣社會中也有對抗日本政府的廖添丁，也或許有一天巴勒斯坦人有天也會客觀地承認就像日本政府也不是全然對台灣沒有貢獻一般地接受以色列政府，只是異族統治的委屈是在於要看以色列政府臉色的沒民族尊嚴沒有國格地生存。」

或許我們該冷靜地思索，為什麼美國境內會發生九一一事件，為什麼有人願意用自己的生命挾持飛機，並找了數百

條人命陪葬？為什麼巴勒斯坦平民自願成為人肉炸彈，在以色列人潮擁擠處引爆，自己的性命也隨之身亡？這些事件提醒著地球上的每個人，我們必須從內心深處自省並尊重他者（Other）的存在與歷史，並且知悉政府行動背後的政治經濟利益關係，如果平民百姓與政治人物都將衝突事件簡化為「正義與邪惡」之爭，而不從「同理心」去認識對方，那就算未來伊拉克有了親美政權，也難保底層人民不會繼續用最「土法煉鋼」的方法展開報復，這樣一來，冤冤相報究竟何時了？

參考資料

林家羽，〈Ema的痛，唱成一首首的歌〉，《張老師月刊》第303期，2003年3月，頁64-68。
李宛儒，〈從耶路撒冷看美國九一一事件〉，
http://home.kimo.com.tw/lee2003lin/j911.htm

原載於《南方電子報》，2003/3/26

難以辨識人肉炸彈

　　美國提出「中東和平路徑圖」之後，布希、以色列總理夏隆以及巴勒斯坦總理阿貝斯已在紅海舉行會談，目前，以色列與巴勒斯坦之間仍然存在著三大難題：如何確立兩國邊界？流散至各地的巴勒斯坦難民能否返回巴勒斯坦？以及耶路撒冷的地位與所屬？

　　目前，以色列與美國的策略是忽略阿拉法特的存在，布希政府甚至要求訪問以色列的各國外交領導人不要與阿拉法特會面，企圖將阿拉法特邊緣化。對阿拉伯國家而言，沒有了阿拉法特，和平不會來，但是布希認為，有了阿拉法特，和平不會來。

　　而巴勒斯坦總理阿貝斯需要警察來維持治安，也需要經費維持日常運作，阿貝斯願意嘗試鎮壓境內的激進派團體的恐怖活動，這也是他能獲得布希與夏隆對話的原因，但阿貝斯也必須同時贏得人民支持，讓人民相信，支持他之後，可以讓以色列撤軍、放棄佔領。

　　根據《經濟學人》的報導，在紅海會談中，阿貝斯與夏隆互相承認對方擁有建國的權利，夏隆願意撤銷2001年3月新建的哨點（Outposts），並且保證不再增加新的屯墾區。此舉很可能會導致以色列兩個右翼政黨全國聯盟（七席）和國家宗教黨（六席）退出內閣，但所幸左翼政黨勞工黨（十九席）允諾，只要夏隆信守承諾，則勞工黨將在國會支持夏隆但不入閣。

　　《經濟學人》以「好的開始」作為本期的封面標題，但，不幸的是，和平之路似乎依舊充滿崎嶇。

　　根據以色列《Haaretz日報》網站的報導，以色列國防部已經從六月十日開始，撤除了十個西岸非法的哨點。但許多

來自耶路撒冷的右翼份子企圖阻撓軍方的撤離行動，他們多半是yeshiva的學生。

同一天，以色列軍方以直昇機飛彈刺殺哈瑪斯領導人藍堤斯，結果車毀人傷，且造成七名巴勒斯坦人死亡。隔天中午，耶路撒冷再度發生自殺式炸彈攻擊事件，自殺炸彈客偽裝成正統派猶太教徒，在一輛公車上引爆炸彈，截至台北時間十二日凌晨一點為止，已知有十六人死亡、九十三人受傷，哈瑪斯已宣布為此事負責，以報復以色列前一天刺殺藍堤斯的行動。

任何國家都有鷹派與鴿派兩股勢力，對以色列和巴勒斯坦而言更是如此，當和平在望，鷹派勢力是不是應該「自制」呢？愈來愈多的攻擊行動，只會讓人們對和平絕望，不再抱持信心。算一算，這一波巴勒斯坦人抗暴（intifada）已經持續兩年半了，在巴勒斯坦正式建國前，雙方仍然需要一連串信心建立的措施，阿貝斯必須解散或控制激進團體的行為，包括哈瑪斯等等；而不論是夏隆還是阿貝斯，都必須言行一致，不能只是口頭說說，實際上卻毫無行動，或是放任鷹派採取攻擊行為，如此一來，才是真正的「好的開始」。

部分內容原載於《蘋果日報》，2003/6/17

參考文獻

Arian, Asher. 1996. "The Israeli Election for Prime Minister and Knesset, 1996." Electoral Studies. Vol. 15, pp. 570-575.

Arian, Asher. 1998. The Second Republic: Politics in Israel. New Jersey: Chatham House Pulishers.

Ben-rafael, Eliezer and Stephen Sharot. 1991. Ethnicity, Religion and Class in Israeli Society. Cambridge: Cambridge Univerity Press.

Bick, Etta. 1995. "Fragmentation and Realignment: Israel's Nationalist Parties in the 1992 Elections," in Daniel J. Elazar and Shmuel Sandler ed. Israel at the Polls, 1992. Maryland: Rowman & Littlefield Publishers.

Bloch, Daniel. 2001. "Goodbye and Goood riddance to a Direct Election System." Jewish Bulletin of Northern California. (http://www.jewishsf.com/bk010316/comm1.shtml)

Bogdanor, Vernon. 1993. "Israel Debates Reform." Journal of Democracy, Vol. 4, No. 1, pp. 66-78.

Bogdanor, Vernon. 1993b. "The Electioral System, Government and Democracy." in Ehud Sprinzak and Larry Diamond ed. Israeli Democracy Under Stress. Colorado: Lynne Rienner Publishers.

Brichta, Avraham. 1998. "The New Premier-Parliamentary System in Israel" Annals, AAPSS. Vol. 555, pp. 180-192.

Brichta, Avraham. 2001. Political Reform in Israel: The Quest for a Stable and Effective Government. oregon: Sussex Acamedic Press

Cohen, Asher and Bernard Susser. 2000. Israel and the Politics of Jewish Identy: The Secular-Religious Impasse. Maryland: The Johns Hopkins Univerity Press.

Diskin, Abraham. 1989. "Notes on Recent Elections: The Israeli General Election of 1988." Electoral Studies. Vol. 8, No. 1, pp. 75-85.

Diskin, Abraham. 1991. Elections and Voters in Israel. New York:

Praeger Publisher

Diskin, Hanna, and Abraham Diskin. 1995. "The Political of Electoral Reform in Israel." International Political Science Review, Vol. 16, No. 1, pp. 31-45.

Donovan, Mark. 1995. "The Politics of Electoral Reform in Italy." International Political Science Review, Vol. 16, No. 1, pp. 47-64.

Don-Yehiya, Eliezzer. 2000. "Conflict Management of Religious Issues: The Israeli Case in a Comparative Perspective." in Reuven Y. Hazan and Moshe Maor ed. Parties, Elections and Cleavages. London: Frank Cass.

Doron, Gideon and Michael Harris. 2000. Public Policy and Electoral Reform: The Case of Israel. Maryland: Lexington Books.

Dorr, Steven R. 1993. " Democratization in the Middle East." in Robert o. ed. Global Transformation and the Third World. Colorado: Lynne Rienner Publishers

Dumper, Michael. 1997. "Israel: Constrains on Consolidation," in David Potter et al. ed. Democratization. Cambridge: Polity Press.

Dunleavy, Patrick and Helen Margetts. 1995. "Understanding the Dynamics of Electoral Reform." International Political Science Review, vol. 16, No. 1, pp.9-29.

Elazar, Daniel J. and Shmuel Sandler. 1992. Israel at the Polls, 1988-90. Detroit: Wayne State University Press.

Elazar, Daniel J. and Shmuel Sandler. 1995. "The 1992 Israeli Knesset Elections: Mahapach or a Transfer of Power?" in Daniel J. Elazar and Shmuel Sandler ed. Israel at the Polls, 1992. Maryland: Rowman & Littlefield Publishers.

Elazar, Daniel J. and Shmuel Sandler. 1995b. "Change and Continuity in Israeli Politics: the Political Behavior of the Rabin-Peres Government," in Daniel J. Elazar and Shmuel Sandler ed. Israel at the Polls, 1992. Maryland: Rowman & Littlefield Publishers.

Freedman, Robert o. 1989. "Religion, Politics, and the Israeli Elections of 1988." Middle East Journal. Vol. 43, no. 3, pp. 406-422

Friedman, Menachem. 1993. "The Ultra-orthodox and Israeli Society." in Keith Kyle and Joel Peters ed. Whither Israel? New York: I. B. Tauris & Co Ltd.

Galnoor, Itzhak. 1993. "The Israeli Political System: A Profile." in Keith Kyle and Joel Peters ed. Whither Israel? New York: I. B. Tauris & Co Ltd.

Garfinkle, Adam. 1997. Politics and Society in Modern Israel: Myths and Reality. New York: M. E. Sharp.

Geddes, Barbara. 1996. "Initiation of New Democracy Institutions in Eastern Europe and Latin America, " in Arend Lijphart, and carlos H. Waisman, eds. Institutional Design in New Democracies: Eastern Europe and Latin America, Boulder, Colo.: Westview.

Gutmann, Emanuel 1993. "The Israeli Left." in Keith Kyle and Joel Peters ed. Whither Israel? New York: I. B. Tauris & Co Ltd.

Hazan, Reuven Y. 1996. "Presidential Parliamentarism: Direct Popular Election of the Prime Minister, Israel's New Electoral and Political System." Electoral Studies, Vol. 15, No. 1, pp. 21-37.

Hazan, Reuven Y. 2000. "Religious and Politics in Israel: The Rise and Fall of the Consociational Model." in Reuven Y. Hazan and Moshe Maor ed. Parties, Elections and Cleavages. pp. 109-137. London: Frank Cass.

Hermann, Tamar. 1995. "The Rise of Instrumental Voting: The Campaigh for Political Reform." in Asher Arian And Michal Shamir ed. The Elections in Israel. New York: State University of New York Press.

Inbar, Efraim. 1995. "Labor's Return to Power." in Daniel J. Elazar and Shmuel Sandler ed. Israel at the Polls, 1992. Maryland: Rowman & Littlefield Publishers.

Kimmerling, Baruch. 1999. "Elections as a Battleground over Collective Idenity." in Asher Arian and Michal Shamir ed. The Elections in Israel, 1996. New York: State Univerity of New York Press.

Koelble, Thmoas A. 1995. "The New Institutionalism in Political Science and Sociology, " Comparative Politics, Vol. 27, No. 2 pp.

231-243.

Laver, Michael. and Kenneth A. Shepsle ed. 1994. Cabinet Ministers and Parliamentary Government. New York: Cambridge University Press.

LeDuc, Lawrence et. al. ed. 1996. Comparing Democracy: Elections and Voting in Global Perspective. California: Sage Publisher.

Liebman, Charles S. 1993. "Religious and Democracy in Israel." in Ehud Sprinzak and Larry Diamond ed. Israeli Democracy Under Stress. Colorado: Lynne Rienner Publishers.

Liebman, Carles S. 1993b. "Attitudes Toward Democracy Among Israeli Religious Leaders." in Edy Kaufman et al. ed. Democracy, Peace and the Israeli-Palestinian Conflict. Colorado: Lynne Rienner Publishers.

Lijphart, Arend. 1992. "Direct Election of the Prime Minister." in Lijphart ed. Parliamentary Versus Presidential Government. New York: oxford University Press.

Lijphart, Arend. 1993b. "Israeli Democracy and Democratic Reform in Comparative Perspective." in Ehud Sprinzak and Larry Diamond ed. Israeli Democracy Under Stress. Colorado: Lynne Rienner Publishers.

Lijphart, Arend. 1994. Electoral Systems and Party Systems : A Study of Twenty-Seven Democracies, 1945-1990. New York: oxford University Press.

Lochery, Neill. 1997. The Israeli Labour Party: In the Shadow of the Likud. Berkshire: Ithaca Press.

Maor, Moshe and Reuven Y. Hazan. 2000. "Parties, Elections and Cleavages: Israel in Comparative and Theoretical Perspective." in Reuven Y. Hazan and Moshe Maor ed. Parties, Elections and Cleavages. London: Frank Cass.

Mahler, Gregory. 1997. " Israel's New Electoral System: Effects on Policy and Politics." (http://www.biu.ac.il/Besa/meria/journal/1997/issue2/jv1n2a2.html)

March, James G. and Johan P. olsen 1984. "New Institutionalism: organizational Factors in Political Life." American Political Science Review, Vol. 74, pp. 734-749.

Mcken, Margaret and Ethan Scheiner. 2000. "Japan's New Electoral System." Electoral Studies, Vol. 19, pp. 447-477.

Nahshon, Gad. 2002. "Israel' s Election System a Disaster." Jewish Post of New York online. (http://www.jewishpost.com/jp0608/jpn0608f.htm)

Nachmias, David and Itai Sened. 1999. "The Bias of Pluralism: The Redistributive Effects of the New Electoral Law." in Asher Arian and Michal Shamir ed. The Elections in Israel, 1996. New York: State Univerity of New York Press.

Nisan, Mordechai. 1995. "The Likud: the Delusion of Power," in Daniel J. Elazar and Shmuel Sandler ed. Israel at the Polls, 1992. Maryland: Rowman & Littlefield Publishers.

Nohlen, Dieter. 1996. "Electoral Systems and Electoral Reform in Latin America, " in Arend Lijphart, and Carlos H. Waisman, eds. Institutional Design in New Democracies: Eastern Europe and Latin America, Boulder, Colo.: Westview Press.

Norgarrd, Asbjorn Sonne. 1996. "Rediscovering Resonable Rationality in Institutional Analysis," European Journal of Political Research, Vol. 29, pp.45-51.

Norris, Pippa. 1995. "Introduction: The Politics of Electoral Reform." International Political Science Review, Vol. 16, No. 1, pp.3-8.

Peretz, Don and Gideon Doron. 1998. The Government and Politics of Israel. Colorado: Westview Press.

Powell, Bingham. 1992 (1982). "Contemporary Democracies: Participation, Stability, and Violence." in Arend Lijphart ed. Parliamentary Versus Presidential Government. New York: oxford University Press.

Satori, Giovanni. 1997. Comparative Constitutional Engineering: An Inquiry into Structures, Incentives and outcomes. Houndmills: Macmillan Press.

Shiratori, Rei. 1995. "The Politics of Electoral Reform in Japan." International Political Science Review, Vol. 16, No. 1, pp.79-94.

Smooha, Sammy. 1993. "Jewish Ethnicity in Israel." in Keith Kyle and Joel Peters ed. Whither Israel? New York: I. B. Tauris & Co Ltd.

Smooha, Sammy. 1993b. "Class, Ethnic, and National Cleavages and Democracy in Israel." in Ehud Sprinzak and Larry Diamond ed. Israeli Democracy Under Stress. Colorado: Lynne Rienner Publishers.

Sprinzak, Ehud. 1991. The Ascendance of Israel's Radical Right. New York: oxford University Press.

Sprinzak, Ehud. 1993. "The Israeli Right." in Keith Kyle and Joel Peters ed. Whither Israel? New York: I. B. Tauris & Co Ltd.

Sprinzak, Ehud and Larry Diamond ed. 1993. Israeli Democracy Under Stress. Colorado: Lynne Rienner Publishers.

Susser, Bernard. 1989. " 'Parliadential' Politics: A Proposed Constitution for Israel." Parliamentary Affairs, Vol. 42, No. 1, pp. 112-122.

Tessler, Mark and Audark Grant. 1998. "Israel's Arab Citizens: The Continuing Struggle." Annals, AAPSS. Vol. 555, pp. 97-113.

Vowles, Jack. 1995. "The Politics of Electoral Reform in New Zealand." International Political Science Review, Vol. 16, No. 1, pp. 95-115.

施正鋒。1999。〈選制興革的概念架構〉《台灣政治建構》。台北：前衛出版社。

新聞報導

CNN, 2001.3.7, "Israeli Knesset Abolishes Direct Election of Prime Minister"（http://www.cnn.com/2001/world/meast/03/07/israel.sharon.02/index.html）

Haaretz Daily, 2000.12.6, "May 22 Seen as Likely Election Date: MKs Pushing to Quickly Scrap direct election system"（http://www2.haaretz.co.il/special/elections2001-e/f/

341697.asp）

New York Times, 2001.3.8,　"After 5 Years, Israelis Retreat to a Parlismentary Syatem"

Economist, 1990.3.10,　"Decisions, decisions"

　　　　　　1990.3.17,　"one Jerusalem, two Israels"

　　　　　　1990.3.24,　"Go on, try"

　　　　　　1990.4.7,　"Can Peres do it?"

　　　　　　1990.5.5,　"Democracy, shamocracy"

　　　　　　1990.5.12,　"Whirligigery"

　　　　　　1990.6.16,　"The hawks gather, labourless"

　　　　　　1990.6.30,　"Blaming Peres"

網站

Haaretz日報 http://www.haaretzdaily.com/

以色列國會 http://www.knesset.gov.il/

耶路撒冷郵報 http://www.jpost.com/

國家圖書館出版品預行編目

以色列總理選舉制度的變遷 / 林東璟作. -- 一版.
臺北市：秀威資訊科技, 2004[民 93]
面 ； 公分. -- 參考書目：面
ISBN 978-986-7614-33-9（平裝）
1. 選舉制度 - 以色列

574.3533　　　　　　　　　　　93011838

社會科學類　　AF0007

以色列總理選舉制度的變遷

作　　者 / 林東璟
發 行 人 / 宋政坤
執行編輯 / 李坤城
圖文排版 / 張慧雯
封面設計 / 莊芯媚
數位轉譯 / 徐真玉　沈裕閔
圖書銷售 / 林怡君
網路服務 / 徐國晉
出版印製 / 秀威資訊科技股份有限公司
　　　　　台北市內湖區瑞光路 583 巷 25 號 1 樓
　　　　　電話：02-2657-9211　　　傳真：02-2657-9106
　　　　　E-mail：service@showwe.com.tw
經 銷 商 / 紅螞蟻圖書有限公司
　　　　　台北市內湖區舊宗路二段 121 巷 28、32 號 4 樓
　　　　　電話：02-2795-3656　　　傳真：02-2795-4100
　　　　　http://www.e-redant.com

2006 年 7 月 BOD 再刷
定價：220 元

讀 者 回 函 卡

感謝您購買本書,為提升服務品質,煩請填寫以下問卷,收到您的寶貴意見後,我們會仔細收藏記錄並回贈紀念品,謝謝!

1. 您購買的書名:＿＿＿＿＿＿＿＿＿＿＿＿＿＿＿＿＿

2. 您從何得知本書的消息?

　□網路書店　□部落格　□資料庫搜尋　□書訊　□電子報　□書店

　□平面媒體　□ 朋友推薦　□網站推薦　□其他＿＿＿＿＿＿

3. 您對本書的評價:(請填代號　1.非常滿意 2.滿意 3.尚可 4.再改進)

　封面設計＿＿　版面編排＿＿　內容＿＿　文/譯筆＿＿　價格＿＿

4. 讀完書後您覺得:

　□很有收獲　□有收獲　□收獲不多　□沒收獲

5. 您會推薦本書給朋友嗎?

　□會　□不會,為什麼?＿＿＿＿＿＿＿＿＿＿＿＿＿＿＿

6. 其他寶貴的意見:＿＿＿＿＿＿＿＿＿＿＿＿＿＿＿＿＿

　＿＿＿＿＿＿＿＿＿＿＿＿＿＿＿＿＿＿＿＿＿＿＿＿＿

　＿＿＿＿＿＿＿＿＿＿＿＿＿＿＿＿＿＿＿＿＿＿＿＿＿

　＿＿＿＿＿＿＿＿＿＿＿＿＿＿＿＿＿＿＿＿＿＿＿＿＿

讀者基本資料

姓名:＿＿＿＿＿＿＿＿＿　年齡:＿＿＿＿　性別:□女 □男

聯絡電話:＿＿＿＿＿＿＿＿　E-mail:＿＿＿＿＿＿＿＿＿

地址:＿＿＿＿＿＿＿＿＿＿＿＿＿＿＿＿＿＿＿＿＿＿＿

學歷:□高中(含)以下　□高中　□專科學校　□大學

　　　□研究所(含)以上 □其他＿＿＿＿＿＿＿＿

職業:□製造業 □金融業 □資訊業 □軍警 □傳播業 □自由業

　　　□服務業 □公務員 □教職　□學生 □其他＿＿＿＿＿

(請沿線對摺寄回,謝謝!)

秀威與 BOD

BOD（Books On Demand）是數位出版的大趨勢，秀威資訊率先運用 POD 數位印刷設備來生產書籍，並提供作者全程數位出版服務，致使書籍產銷零庫存，知識傳承不絕版，目前已開闢以下書系：

一、BOD 學術著作—專業論述的閱讀延伸
二、BOD 個人著作—分享生命的心路歷程
三、BOD 旅遊著作—個人深度旅遊文學創作
四、BOD 大陸學者—大陸專業學者學術出版
五、POD 獨家經銷—數位產製的代發行書籍

BOD 秀威網路書店：www.showwe.com.tw
政府出版品網路書店：www.govbooks.com.tw

　　永不絕版的故事・自己寫・永不休止的音符・自己唱